老子的正言若反、莊子的謬悠之說……
《鵝湖民國學案》正以
「非學案的學案」、「無結構的結構」、
「非正常的正常」、「不完整的完整」，
詭譎地展示出他又隱涵又清晰的微意。

曾昭旭教授推薦語

願台灣鵝湖書院諸君子能繼續「承天命，繼道統，立人倫，傳斯文」，綿綿若存，自強不息。蓋地方處士，原來國士無雙；行所無事，天下事，就這樣啓動了。

林安梧教授推薦語

喚醒人心的暖力，煥發人心的暖力，是當前世界的最大關鍵點所在，人類未來是否幸福，人類是否還有生存下去的欲望，最緊要的當務之急，全在喚醒並煥發人心的暖力！

王立新（深圳大學人文學院教授）

人們在徬徨、在躁動、在孤單、也在思考，希望從傳統文化中吸取智慧尋找答案；另一方面是割不斷的古與今，讓我們對傳統文化始終保有情懷與敬意！依然相信儒家仁、愛之說仍有益於當今世界。

王維生（廈門篔簹書院山長）

鵝湖民國學案
呂榮海 賴研 蕭新水 洪文東 周隆亨 潘俊隆 陳蕙娟 陳甜媛等35人 合著
台灣鵝湖書院
老子的正言若反、莊子的謬悠之說……
《鵝湖民國學案》正以
「非學案的學案」、「無結構的結構」、
「非正常的正常」、「不完整的完整」，
詭譎地展示出他又隱涵又清晰的微意。
——曾昭旭教授推薦語
華夏出版

彩圖版

一碗清湯蕎麥麵

親情與愛情的小故事

一篇篇寓意深刻雋永的故事

串成一首溫暖身長的天倫詩歌，有些甚至曾真實發生在你我的身邊。

高菲菲◎著

卷一 一屋子的愛和歡笑

1 一屋子的愛和歡笑／012
2 寫下你的歷史／021
3 言語難訴的愛／027
4 心上的剪貼簿／034
5 一碗清湯蕎麥麵／042

CONTENTS

卷二 尋找父親的捷徑

我總會跟你在一起／052
向爸爸買一個小時／055
不體貼的父親／058
鮮花中的愛／061
我的夢想和父親的祈禱／064
跟爸爸跳舞／070
盛滿親情愛意的紙袋／074
無言的愛／079
父親的涵義／081
陪伴一輩子的音樂／086

卷三 發現母親的理由

未上鎖的門／092
我最愛你／094
母親的帳單／102
誰是我的生母／105
受寵的孩子／111
母親的復活節禮帽／113
知子莫如母／118
我是母親的蒲公英／122

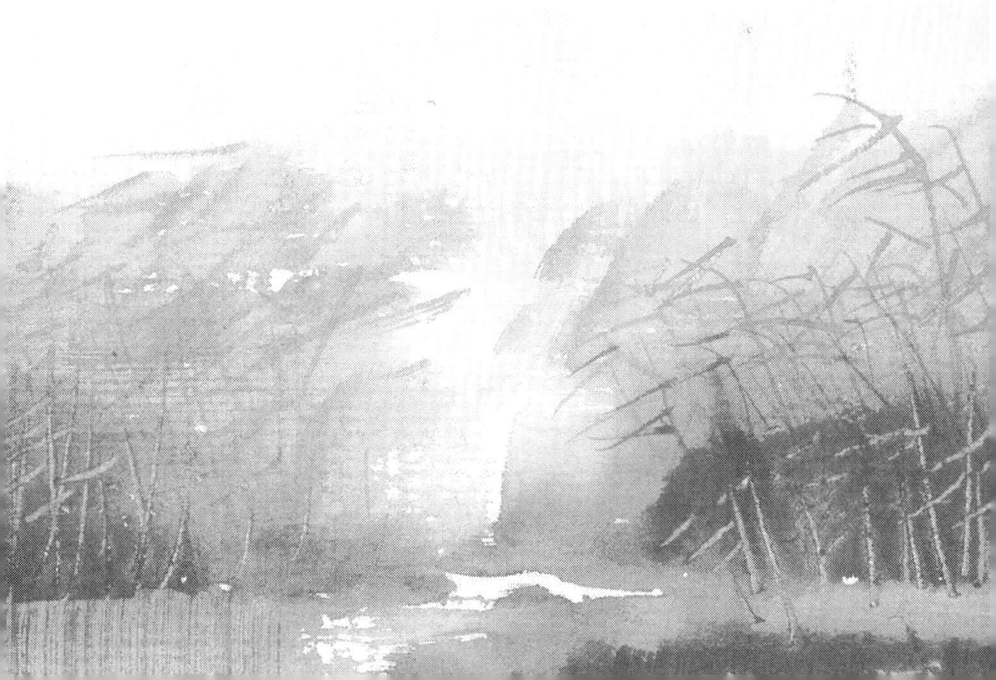

CONTENTS

卷四 給幸福留點空間

假如我的家庭重新開始／128
家人間相互交流的遊戲／133
家庭的趣事／142
幸福日記／150
和衷共濟一家親／158
天倫之樂／166
媽媽的銀行存款／176
花錢買歡樂／182
家庭的榜樣作用／186
良好的親子關係／192

卷一 屋子的愛和歡笑

PART 1

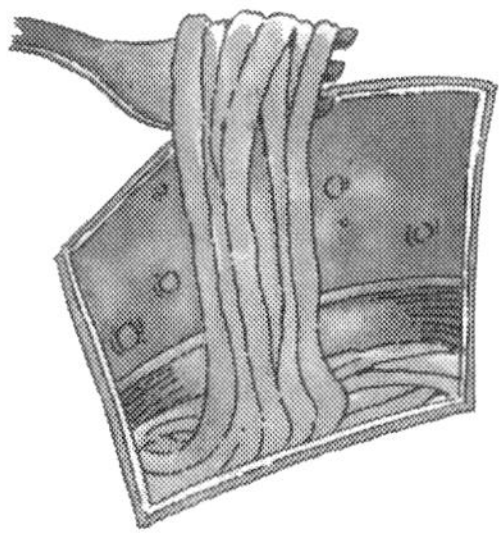

親切地對父母、朋友、孩子或配偶說「我愛你」，都會創造出最重要、最永久的記憶。

1 一屋子的愛和歡笑

就生物學的角度來說，我的確是很晚才踏入社會。我出生的時候，母親四十一歲，父親四十二歲，而我哥哥已經十歲了，這條過分明顯的代溝，也許和我那獨特的血源一起造就了我的一生。

我的母親，凱薩琳，出生在蘇格蘭；我父親，安尼祿，是第一代到美國的義大利移民。就這樣，我似乎被什麼從中間分成兩半。傾向於蘇格蘭那一邊的是講求實際的、邏輯性的，甚至有一點古板；傾向於義大利的一邊則是愛吵吵的、追求獨特的、愛嘲笑別人也被人嘲笑的。

第一條我釣到的魚

我父親總是試圖說服我去做一些戶外運動。他會說：「你爲什麼不去釣魚呢？」釣魚？對我來說，那只是徒勞地舉著一根拴著長線的棍子而已。

「去吧，」母親說，「如果你能釣到一條魚，至少可以向你父親證明你已經試過了。」

有一天，我在學校裏聽說有人在排乾我家附近的那個湖，那兒到處是死魚。於是我馬上騎了車趕到那兒，撿了幾條魚。

回到家，我衝著父親大叫：「嘿，老爸！看我抓到了什麼？」

我父親一聽就自豪地笑了：「好小子！瞧瞧他搞到的魚！」

媽媽接過我弄到的魚，把牠們剖開。她嘀咕道：「這魚已經發臭了，我們不能吃！」

「好了，別抱怨，我肯定牠們是新鮮的！」爸爸理也不理她，還說，「好一個棒小伙子！」

最後，我母親把我拉到一邊，我只好在蒼蠅拍的威脅下坦白了：「媽，好吧，好吧，是我在湖邊撿的！都是死的！」

媽媽非常惱怒，但爲了不讓爸爸失望，她還是趕緊出門到鋪子裏，買回了新鮮的魚，做給我們吃了。爸爸從來沒有發覺這到底是怎麼回事。

錄音帶在轉

我上高中的時候，我哥哥派特參軍入伍，被派到維也萊姆。因爲家裏誰都不太會寫信，所以父親有了個主意：買一臺小型錄音機，錄下我們的聲音以後寄給派特。

賣電子產品的商店裏，店員問我們：「您想要多長時間的錄音帶——十五分鐘？」

「十五分鐘？」爸爸說，「我們甚至不能在十五分鐘裏說完『你好』！你這兒最長的錄音帶有多長？」

「九十分鐘。」

「這還差不多！給我四盒！」

回到家，爸爸把廚房餐桌上的東西收拾好，然後宣佈：「好了，現在我們就要和派特說話了！」他按下錄音鍵，用他那獨一無二的方式開始了：「你好，派特！家裏一切都好！我很好！你媽很好！這是你弟弟！傑米，和派特說話！」

我走向前來，說：「嘿，派特！希望你過得不錯！在那兒當心點。這是媽媽。」

媽媽朝機器彎下腰來，說：「你好，派特！自己學著照顧自己！別做傻事！」

然後爸爸說：「嘿，那狗哪裡去啦？把布魯斯帶到這兒來，讓牠叫！」

布魯斯叫道：「汪！汪汪！」

然後，當然了，父親不得不說明：「這是狗，派特！這是那隻名叫布魯斯的狗！」

我們在三分鐘以內就做完了這一切。第二天，還是老樣子。

「派特，一切都很好！這是狗！」「汪！汪汪！」

幾個星期以後，我們才錄了不到九分鐘的帶子。最後，父親說：「我看，還是讓我們把它寄出去吧！什麼鬼東西！」

然後我們把這奇妙的玩意兒包裝好，寄給了派特。現在回頭想想看，他也許更想收到幾封信。

——請安靜

直到「晚間劇場」成爲我的全職工作以前，一年中的大部分時間，我在全國的每一個州演出晚間節目。我的生活把我母親弄糊塗了，過了很久，她都不明白我在做些什麼。

一九八六年，我有幸在甘迺迪劇場演出，我的父母絕不能錯過這次機會。那天他們來了以後，領座員把他們帶到座位上，第十五排的中間。當我開始表演時，觀眾們立即就投入得不得了，他們馬上就哄堂大笑。我母親卻不知道他們在笑什麼。過了一會兒，她回過身來，把食指放到嘴唇上，對後排那些笑得很厲害的觀眾們說：「噓，噓，請安靜！」

我從臺上看到了這一幕。後來我對她說：「媽，別傻了！這是一齣喜劇！他們就是該笑！」

這使得她很窘迫，在公眾場合被人們孤立，是能夠想像到的、最糟的尷尬，而且還是在甘迺迪劇場！

我常對父親說，如果我從演藝事業中賺了錢，就爲他買一輛凱迪拉克。所以我成爲喬尼・卡森的經紀人後，就帶著父親去商店。售貨員直接把他帶到一輛嶄新的白色凱迪拉克車跟前，車裏面是紅色的座椅。父親一眼就看中了。

我們把車開回家，給母親看。她不喜歡任何形式的炫耀，當她看到紅色的座椅時，她的眼中滿是羞愧，對她來講，這就像車輪上的妓院。

從那天開始，每當他們開著凱迪拉克到處逛，母親總是要彎下身子。這樣，父親對鎮上每一個人大嚷的時候，人們就看不到她了。

「嘿，」父親說，「我兒子爲我買了這輛車！」

——終身的保固證書

我父親鍾愛證書。任何一件他買的產品，他都要爲保固證書做一個卡片，以及一張封面——「作爲我們的文件」，當然，用到這些文件的機會只有萬分之一。曾經有一次，我旅行回家，發現抽水馬桶的坐墊壞了，我想把它扔掉。

可父親說：「等等，別扔！我有一張二十年保固期的證書！」幾分鐘以內，他已經把那東西找了出來——一張泛黃的紙片，看起來像老式的黑白照片。

我說：「這不行，爸爸！我可不想舉著這副鏽光的馬桶坐墊，穿過鎮上的大街！」

「那麼，我來，我有保固證書！」

我只好開車送他到雜貨店，還有那副難看的破坐墊，賣出它的人已經在十年以前退休了，他的兒子走了出來。

爸爸說：「我的馬桶坐墊壞了，我想要個新的。」

小伙子看了看，說：「它鏽光了，我不能給你個新的。」

爸爸給他看那張證書：「是嗎？那看看這個，還有九十二天！」然後我們拿到了一個新坐墊。

新坐墊的保固證書，保證它可以用到二〇〇八年。我們到家以後，爸爸又塡了張卡片，用很大的字寫上我的名字，這說明它將由我來繼承。

最後一個故事將告訴你，我的父母究竟是哪種人。

我讀高中的時候，曾經需要一筆錢來買一輛福特的二手車。每天放學以後，我就開始工作——搬沙土、刷油漆、爲鄰居打籬笆——我拼命地做，做得很帶勁。最後，我終於存到了買一輛車的錢。作爲禮物，我父母送給我一個嶄新的納格哈德牌汽車椅套。

不過，只要我關車門的時候稍微重一點，車窗玻璃就搖個不停。但我沒錢換它，我開著車到處跑，包括去學校。

學校裏有一座很龐大的建築物，你能從許多間教室直接看到停車場。有一天突然下起了雨，我坐在課堂上，心疼地看著我的車——和我那嶄新的椅套——被透過破車窗的雨水浸濕。

這時，我看到媽媽和爸爸開著車，撞倒了停車牌，發出刺耳的剎車聲，然後停到我的車旁。他們從車裏拖出一塊很大的塑膠布，走到雨中，將我的車蓋上。

爲此，爸爸提前離開了辦公室，專程回家拉上媽媽，還有這塊塑膠布，再開車來救我心愛的汽車和嶄新的椅套。我看著他們做這些，就在課堂上，我哭了。

我的父母陪伴我度過我生命中的每一次高潮和低潮，我從未想過有一天他們會離我而去。我只有記住發生在他們身上的故事，讓他們永遠活在我心中，永遠、永遠……

2 寫下你的歷史

寫日記，把往事贈給未來。

那天晚上時間似乎過得很慢，我手裏的神秘故事書越看越乏味。妻子蓓蒂好像也覺得厭煩，編織一會兒就停了下來。隨後她走到書架前，看看最低層那長長一排裝訂簡陋的書。

「要不要知道五年前的今天我們在做什麼？」她打開手裏的書翻看，「我們正在度假，在緬因州住了兩星期。」

眞的？我忘了。

「那天天氣眞好。」蓓蒂說。她微笑坐下，回想當日的情景。

是的，我記起來了。我們坐在俯臨海港水面的長凳上，泊在岸邊的漁船，隨波起伏，一艘漁船出來了，繫在船塢內，我們朝船裏望去，只見漁夫腳下有一只大籃子，裝了半籃龍蝦。海鷗在空中盤旋，又猝然下降。蔚藍的天空，點綴著棉絮似的朵朵浮雲。

蓓蒂翻到下一頁。「第二天我們坐船遊覽，記得嗎？」

「記得很清楚，」我說，「我還記得我到深海去釣魚那天。我們出海一整天，我釣到兩條鰲魚。」

黃昏不再沉悶。蓓蒂的日記使那可愛假期的每一天又都重現腦際。我們差不多每三、四個月就拿日記來看看，重溫已經淡忘的快樂往事。

她闔上日記，從書架底層又取出另一本來，她二十五年來的日記都放在那裏。

記的是我們二十五年的共同生活。較舊的日記都用盒子盛著，放在地窖裏。

「二十年前，」她說，「聽著，麥可讀暑期班，因爲他英文不及格。他幾乎每一科分數都很低。他帶功課回家，結果只對著書作白日夢。」

可是歲月如流，人生多變。麥可現已結婚，有了兩個孩子。他是個教師，有碩士學位，還有其他學術成就。他母親和我以前都爲他成績不好而擔憂，還怕他將來事業難成。日記能助我們深刻瞭解事物，平衡偏差點；日記能教我們少煩躁，別匆匆經過花園，應稍停腳步，欣賞玫瑰的芬芳。

一陣翻書頁的聲音。「嘉露十歲的生日會上，有十四個孩子參加，都是女孩，」蓓蒂念道，「她們傻笑、尖叫、低聲說秘密。一個女孩打翻了霜淇淋，弄髒了衣裙。」

現在嘉露已是成年婦人，有自己的生活和責任。

我們坐下來回想，這就是日記的力量。發人深省，記起過往的日子。

要是你記日記，你會發現你的日常生活有微妙而有趣的蛻變。你會像記者一樣，能注意得到每日發生的許多小事。春天第一隻知更鳥是什麼時候回來的？今年什麼時候最後一次霜打壞了你滿懷希望撒下的花種，我上次加薪又是什麼時候（似乎已經好幾年了）？存錢出國觀光那一次是怎麼玩的？這都是值得記憶的日子，不應忘掉的日子。

日記是你一生經歷的史誌，可以是寫來給家人閱讀和消遣的，也可以是記載私下裏最秘密的渴望和抱負的。尚未寫的空頁，將是你最和善、最樂意聽你傾訴的好友，等著你說要說的話，然後由你收起、鎖上，始終默不作聲。

蓓蒂的日記載有食譜、生日、結婚紀念日，也記下了那百感交集，在殘陽照耀中執手相看、淚眼模糊的情節。

蓓蒂的日記裏還藏著一本書，這本書已出版了。我們有一艘帆船，事實上，我們先後有過四艘不同的船。我從她的日記裏把航行故事用紙筆記下來，爲的是要使我們後代兒孫，還能知道我們生活中那片段詳情。這是件極有趣的事，每當晚上在家空閒時，蓓蒂和我就一同閱讀有關航行的記載。我們讀那些描述，談那些往事，然後我再把故事寫下來，共寫了八萬五千字。有位出版商看見了，就把它拿去出版。

日記能使我們正確地觀察事物。幾年前蓓蒂在日記裏寫著：「我們爲帳單發愁，夜不成寐。房租、電費、牙醫、保險，……那裏去找錢？」當時眞到了窮途末路。

我們看這些字句，回顧那段坎坷的日子，卻記不起錢是怎樣籌措的，但不論怎樣，我們籌到了。如今看這幾頁日記，我們明白了事情通常不像表面看起來那樣糟。每二十四小時，太陽會再升起一次。

不知多少次我們聽人說：「我家庭的歷史、我的一生，都可以寫成一本書！」假如你是這麼個人，爲什麼不立刻著手寫？記憶是很薄弱而短暫的。

九十年前，我父親從愛爾蘭乘船移民到美國，船走了三個月才到，途中屢遇風險。父親記憶猶新時，我年紀還小，不懂得問他。後來我年齡漸長，開始好奇，便問他爲什麼要三個月才渡過大西洋。他只記得浪捲走了舵，風扯碎了帆，有好幾個人喪生。事隔多年，他連到達紐約時的心情都記不起來了。「我想我很害怕，」他說，「我想我很緊張，我忘了。」要是父親寫日記，多好！

蓓蒂的祖父完全不同。他在美國內戰時曾參加北軍。我們保存著他一八六四至一八六五年的日記。他在一八六五年四月十六日寫下：「今天星期日，我奉命站崗，但並無固定崗位。恰接報告，獲悉林肯總統遇刺身亡。如消息屬實，萬分悲痛。」這是歷史，歷史就在我們手裏，雖然字跡褪了色，卻仍然很清楚。

任何人的生命都在無情的歲月中度過。偉大人物的一生記下來留給後人看，可是你的一生、我的一生又怎樣？我們在地球上的時間和空間裏度過一生，難道不應該留下記錄？我們的後代都想知道我們從什麼地方來，藉此知道他們從什麼地方來。日記可能成爲未來的無價遺產。

3 言語難訴的愛

珍妮佛・愛德華是個滿頭長著亂蓬蓬黑髮的小女孩，一九七二年七月十七日，出生在俄亥俄州鄉村的一所醫院裏。她的媽媽索尼婭從頭到腳仔細地查看了這個七磅重的早產兒，然後小聲地感謝上帝，儘管妊娠很不順利，可孩子看來一切正常！

但是，有一天索尼婭給三個月的珍妮佛洗澡時，發現女兒的右腳腫得很厲害，這引起了她的注意。她查看了孩子的全身，想找到是否有蟲咬的痕跡，然後懷著不安的心情，立即帶孩子去找醫生。

醫生也不能解釋是什麼原因引起的腫脹。腫脹漸漸蔓延至珍妮佛的整個右腳、右腿和右臀部，右手也腫得有正常的兩倍大。在此後兩年半的時間裏，愛德華夫婦就像生活在一場噩夢中，雖然不斷地請教專家，可總是一無所獲。珍妮佛的患肢裹著彈性繃帶，忍受著不時襲來的疼痛。

最後，丹佛兒童醫院的威廉・大衛斯醫生做出了嚴酷的診斷：珍妮佛得的是帕克斯・韋伯綜合症。醫生還說：「這是一種很少見的淋巴水腫疾病，是天生的，原因尚不明。也可以說是一種不治之症。珍妮佛還會有更壞的情況發生，蟲咬或搔抓都可能引起致命的感染，她面臨的是輪椅上的生活，也許還要截肢。」

索尼婭和愛德華驚呆了。診斷之後，珍妮佛接受了當時惟一的治療方法——放射治療，並把患肢包在一種彈力長筒襪中，但這些都沒有減輕腫脹。他們決心盡可能地讓珍妮佛像正常孩子那樣生活，可有些孩子常常嘲笑她。當珍妮佛從學校回來後，索尼婭總能看出她哭過，珍妮佛卻隻字不提這些，她鼓足勇氣對待這些事，偶爾還流露出一絲幽默。

「有時男孩子們叫我『大胖腿』或其他什麼，我才不在乎呢！」她說：「我就對他們說：『你們長著一個大頭，卻只有個小笨腦子。』要麼我就衝他們揮著我的大拳頭，說：『這是我的最好武器！』於是，他們就不能把我怎樣了。」

當索尼婭帶著女兒們去商店時，珍妮佛對於姐姐們買新衣服很羨慕。她因爲腫脹的腿，媽媽只好自己動手爲她縫褲子。她的右腳腫得有左腳的三倍那麼大，也只得買特製的鞋。

儘管有病痛折磨和受人嘲笑的難堪，珍妮佛還是勇敢地承受了這些。她很頑皮，又很愛運動。她用左側支撐著身體，學會了騎自行車。在學校，她參加健身鍛練，堅持跑步，儘管拖著病腿老是跑在最後一名。她也花了不少功夫學游泳，她說：「在水裏，我的兩條腿就一樣了。」

珍妮佛的祖父——老愛德華，爲了孫女日趨惡化的病情深感痛苦，看著她穿著特別的褲子，腫脹的腿露在外面，老人的心都碎了。他覺得沒有哪個醫生能給孫女幫助。

老愛德華不斷地想辦法幫助孫女。愛德華夫婦已經習慣了不時從老人那裏打來的電話，要麼勸他們試著在珍妮佛睡覺時抬高患肢，要麼勸他們用一個定型的外套阻止腿再腫大。儘管這些都無效，可老愛德華還是不斷地尋找辦法。

一九八〇年春天，珍妮佛快八歲時，腫大的右腿出現了潰瘍，必須採用某些措施，否則如果發生嚴重感染，就得截肢。匹茨堡華盛頓康復醫院的邁克·亞歷山大醫生建議，讓珍妮佛來做兩週的實驗治療，因爲該辦法對另外一些淋巴水腫的人已產生了療效。

愛德華夫婦同意了。珍妮佛的腿被一種袖帶交替纏裹住，袖帶連著一個泵，這個泵按設計壓力不斷送出氣流，以推動淋巴液流向心臟。但不幸的是，這種泵對珍妮佛效果並不大，膝部的腫脹倒是消退了，可腳和大腿更腫了。

老愛德華來看望珍妮佛。當他看見孫女用這種壓力泵時，感到難以容忍。忽然他眼睛一亮：自己年輕時，曾學過工程，而且在當經理時，曾有過七項發明專利，現在第八項專利的構思已開始形成——他驕傲地稱之爲「我一生中最重要的發明」。

他建議醫生，不能把整個腿裹在袖帶裏，而是從腳到大腿向上逐漸移動壓力，以推動液體向心臟流動。但是怎樣才能做到呢？老愛德華發誓：「在上帝的幫助下，我會爲孫女做此事情的。」

在以後的三個月中，他一頭鑽在地下室的工作間裏。這位堅毅的老人常常工作到深夜，他對生理學知之甚少，就頻繁去圖書館查閱醫學書籍，其間，他的心臟病發作了兩次，但他毫不理會妻子不許他過分勞累的警告。

一個新裝置終於誕生了。一九八〇年十一月十五日，當亞歷山大醫生在自己的胳膊上，試驗了老愛德華設計的泵的安全性，便立即決定讓珍妮佛使用這種泵。這種新型泵由兩個專爲珍妮佛設計的袖帶和電子控制系統組成，一個放在右臂上，一個放在右腿上，每個袖帶分成三部分，每部分在特定時間接受特定的壓力。

愛德華夫婦雖然滿懷希望，但也感到擔憂：因爲即使泵是有效的，也可能會有副作用，腎臟和心臟能承受得了嗎？

第一個星期裏，珍妮佛每天用泵八小時，效果明顯，看到患腿漸漸消腫，每個人都爲之振奮。

一個月後，珍妮佛的右手出現了關節外形。她的眼睛閃閃發光，興奮地叫道：「媽媽，我手上的骨頭都突出來啦！」

在以後的幾個月中，她的兩條腿漸漸變得差不多粗細，珍妮佛和祖父愉快地分享每一點進步帶來的喜悅。她學會了在自行車上重新掌握平衡，學會了不拖著腿走路。一天，珍妮佛回到家，上氣不接下氣地對祖父說：「爺爺，我現在跑得比班上的任何人都快！」老人的眼睛濕潤了，他感到再沒有哪件事比聽到這些使自己更幸福、更快樂。

在獲得專利後，老愛德華想讓一些醫療器械公司生產這種裝置，以使其他同樣的患者能使用它，但幾乎沒有一個公司對此做出反應。於是，他組織起自己的公司，索尼婭製作袖帶，珍妮佛在辦公室裏幫忙。現在，已有二百三十多台這種泵用於醫院和家庭，用戶遍及全國，並遠銷至加拿大、義大利、巴哈馬、日本、南非等。

在沒有更新的方法治療淋巴水腫前，珍妮佛要終身使用這種泵。但是，她現在一天只需使用一小時，其他時間均能正常生活。

就在老愛德華完成泵的研製工作後的兩個月，他的右眼視網膜出血，加上他的另一隻眼以前就有病，老人失明了。

索尼婭說：「是堅強的意志，使他能等到泵發明完成後才失明。」現在，珍妮佛以百倍的關心照顧，來回報爺爺的恩情。她給他讀報紙，行走時總是拉著爺爺的手。

索妮婭又說：「他們之間的感情是特別的，這種情感不是華而不實的，而是難以用語言形容的、是樸實又深厚的，這是一種超越言辭的愛。」

4 心上的剪貼簿

一朵花、一種顏色，或是一個親切講述的故事，都能把我們所愛的人永遠珍藏心頭。去年，在他大學畢業的前一天，愛子安迪和我在一處海灘上散步。在我們的頭頂上空，突然有兩架海軍戰鬥機掠過，我望了一眼我那高大強壯的兒子。

「你父親一定會爲你而感到非常自豪。」我說。安迪的臉上露出古怪的神情。「今年我常想到爸爸，」他聲音哽咽著說，「媽，你知道難過的是什麼嗎？我記不起他的樣子了。」

安迪雖然是長得像個橄欖球後衛一樣的彪形大漢，可是刹那之間，我卻驀地看到他父親的戰鬥機在越戰中失事墜地時——那個怕羞和嚴肅的四歲孩子。這時安迪繼續說道：「我曾經一再拚命回想，可是總……想不起來。我嫉妒艾莉蓀，因爲爸爸死的時候她歲數大些，她還記得。」

這種我從未想到的失落感，令我驚愕，我自己的回憶也油然而生。

我們結婚那天，約翰身穿海軍白禮服的那副神氣模樣，……他在飛行學校畢業那天，我把他的銀翼佩在他身上時的那種得意心情，……他抱著出世不久的女兒和後來抱著兒子時，那張充滿情感的面孔。

我看見安迪騎在約翰肩膀上，約翰則興高采烈地，向著陽光燦爛的加州天空歌唱：「越飛越高，越飛越遠。」就在他唱的時候，一只顏色鮮豔的氣球恰巧飄過。安迪當時咯咯咯地笑得多麼高興！我後來每次一聽到那首歌，當時的情景便湧向腦際。可是安迪不記得了，不論他怎樣苦加思索，他的爸爸也只不過是個在別人回憶中瞥到的影子。

我又想起最近去世的母親。不論我走到哪裡，似乎都有些事物勾起悲痛的回憶——她喜歡的那種香水的芬芳、某種深淺的藍色、一個爽朗的笑聲。不過我有這些回憶多麼幸運！現在想起來當然難過，就像約翰死後我對他的回憶那樣。可是，我知道創痛有一天會消失，我的心裏有一本珍貴的剪貼簿，我將永遠能從回憶中再得到我的母親和丈夫。

我們有多少次讓可以留戀的回憶輕易溜走了？其實，我們有辦法填滿心裏的剪貼簿，有辦法製造和保存我們的回憶，使所愛的人永在我們心頭。

——化平凡為值得記憶

「你只要把某件事情做幾次，孩子就會把它變爲家裏的傳統。」我認識的一位婦女笑著說。家裏一些約定成俗的事情，使我們得到一些最珍貴的回憶。

我的子女現在還能親切地回想起，露營時我講的一個名叫蘇西的女孩的歷險故事——這女孩和我小時候的情形非常相似。這些故事，是我們那些家庭遠足至今仍值得回憶的一個原因。

想使平凡的事難忘，我們只要細心留神日常事情中所含的愛的意義就行了。不管是冬天初次生火，或是夏天初次野餐，我們做的時候，如果都懷著欣賞之心，做得有規有矩，就可以成爲值得回憶的事情。

——把握特別時刻

我的鄰居瑪莉．霍克斯密絲在十一歲前，便經歷過她弟弟和父親兩個人的死亡，她體會到人生可能很短暫，從小便努力把握生活中美妙的時刻。

「我一感覺到某個時刻美妙，」她說，「便把所能感受到的細節全記在心裏。」瑪莉至今仍能想起她十六歲的某個夏日的情景；她坐在湖畔，水在她皮膚上乾卻時的快感，……烤架上牛排與龍蝦的氣味撲鼻，……輕風拂過她的肩膀，吹皺了湖水。這些情景至今歷歷在目，而最好的是，她記得當時的幸福感：覺得這一天有了我所嚮往的一切。

幫助孩子把記憶銘刻於心特別重要，因爲他們對早年的經歷，大多能歷久不忘。我女兒艾莉蓀，每星期必定和她兩歲的兒子傑克坐下來看家庭相冊。傑克指出他外婆的照片時，他母親便講起自己和我在一起的事情。

……收集紀念品

我的朋友維姬・泰勒的丈夫湯姆，每逢特別的日子，一定給她送花作爲禮物。「我望著我的花圃時，所看到的不單純是花，」她說，「而是我在母親節收到的菊花，或是情人節收到的鬱金香，每一種都代表湯姆向我示愛的特別方式。」

我自己的特別紀念物，則是母親遺贈給我的一座已是古董的落地大擺鐘。每當我聽見它響亮的報時聲時，就會立刻感到有一種和父母在一起的快慰。

你在把情書或子女一年級時畫的畫扔掉以前，要三思而後行。那些都是寶貴紀念物。別以爲你現在對保留這些沒有興趣，說不定它們將來對你非常有意義。

投資於未來的回憶

「我們已決定舉行宴會。」我母親說。她在電話裏講述她的計畫時，我感到出奇：爲什麼要在結婚四十六週年時大宴賓客？

可是，母親告訴我說，這個宴會非常重要——重要得使我決定帶孩子同往加州，以便給父母一個驚喜。我永遠也忘不了我們進入客廳時他們臉上的表情。我們不切實際地突然從遠道而來，單是這一點，就比言語更響亮地表達出「我們愛你們」。

以後我父親再也沒有歡度過一次結婚紀念日。他五個月後就去世了。我能使大家都對那次突如其來的愉快探親之行留下回憶，實在感到高興。

在生活上，人人都有這種機會。有時是一件簡單的事：早上天氣極好，做父母的決定拋下一連串家務，帶孩子到林中遠足；或是一時興起，去探訪一位老年鄰居。累積成一種記憶拼貼畫的，就是這些爲別人而花的時刻，關懷所附帶的那點愛心，拼湊起來就成爲美麗的回憶。

回想當年

當全家人聽到已經聽過百遍的故事時發出的笑聲，想起每個人心裏都記得爛熟的事情時的會心微笑——就是在這些共用的時刻中，全家人都會覺得特別密切。

有天晚上，我們的老祖父開始憶述他小時候，夏天住在義大利熱那亞他祖母的鄉間別墅的情景。我從餐桌上溜出去，拿了個錄音機回來。他講起他父親決定移民到美國，而他自己也決定跟隨。他講述時，他的孫子孫女都聽得入神。所以現在，我們的錄音帶上有一段珍貴無比的巴托齊家史。當時如果我不錄下，這段家史就會失傳。

說「我愛你」

我永遠忘不了那個四月傍晚，父親在電話裏說的話：「我現在正坐在書房裏，翻閱一些舊家庭照片，一面看、一面想到我多麼愛你。」我當時激動得說不出話來，聽到這些真心流露的話，是多大的喜悅！而這個記憶又是多麼寶貴！

有些人說聲「我愛你」比別人困難，但是不論你怎樣貿然、怎樣結結巴巴地，怎樣親切地對父母、朋友、孩子或配偶說「我愛你」，都會創造出最重要、最永久的記憶。

去年耶誕節，我給子女一盒錄音帶。他們把它放在錄音機上，頓時傳出一個年輕人彈著吉他、帶著愉快笑聲發出的親熱聲音。那是海軍飛行員約翰・巴托齊，一九六八年在航空母艦上他的房間裏休息時錄下的。

「孩子們，我要特別為你們唱些歌，」他的聲音既清楚又活潑，「因為你們的爸爸很想念你們。」

子女們的眼睛濕亮亮的。保存這些充滿活力的話的錄音帶，放在抽屜裏已經遺忘多年，現在它使安迪終於有機會和他爸爸接觸，因爲最後他聽到他父親直接對他說：「兒子，我愛你！」

5 一碗清湯蕎麥麵

一

對於麵館來說，生意最興隆的日子，就是大年除夕了。

北海亭每逢這一天，總是從一大早就忙得不可開交。不過，平時到夜裏十二點還熙攘熱鬧的大街，臨到除夕，人們也都匆匆趕緊回家，所以一到晚上十點左右，北海亭的食客也就驟然稀少了。當最後幾位客人走出店門、要打烊的時候，大門又發出無力的「吱吱」響聲，接著走進來一位帶著兩個孩子的婦人。兩個都是男孩，一個六歲，一個十歲的樣子。孩子們穿著嶄新、成套的運動服，而婦人卻穿著不合季節的方格花呢裙裝。

「歡迎！」老闆娘連忙上前招呼。

婦人囁嚅地說：「那個……清湯蕎麥麵……就要一份……可以嗎？」

躲在媽媽身後的兩個孩子也擔心會遭到拒絕，膽怯地望著老闆娘。

「噢，請吧，快請裏邊坐。」老闆娘邊忙著將母子三人讓到靠暖氣的第二張桌子旁，邊向櫃檯後面大聲吆喝：「清湯蕎麥麵一碗——！」老闆探頭望著母子，也連忙應道：「好咧，一碗清湯蕎麥麵——！」他隨手將一把麵條丟進湯鍋裏後，又額外多加了半把麵條，煮好盛在一個大碗裏，讓老闆娘端到桌子上。於是母子三人幾乎是頭碰頭地圍著一碗麵吃起來，「ㄙㄙ」的吃麵條聲，伴隨著母子的對話，不時傳至櫃檯內外。

「媽媽，眞好吃呀！」兄弟倆說。

「嗯，是好吃，快吃吧！」媽媽說。

不大工夫，一碗麵就被吃光了。婦人在付麵錢時，低頭施禮說：「承蒙關照，吃得很滿意。」這時，老闆和老闆娘幾乎同聲答說：「謝謝您的光臨，預祝新年快樂！」

二

迎來新的一年的北海亭，仍然和往年一樣，在繁忙中打發日子，不覺又到了大年除夕。

夫妻倆這天又是忙得不亦樂乎，十點剛過，正要準備打烊時，忽聽見「吱吱」的輕微開門聲，一位領著兩個男孩的婦人輕輕走進店裏。

老闆娘從她那身不合時令的花格呢舊裙裝上，一下就回憶起一年前除夕夜那最後的一位客人。

「那個……清湯麵……就要一份……可以嗎？」

「請，請，這邊請。」老闆娘和去年一樣，邊將母子三人讓到第二張桌旁，邊開腔叫道：「清湯蕎麥麵一碗——！」

桌子上，母子三人在吃麵中的小聲對話，清晰地傳至櫃檯內外。

「眞好吃呀！」

「我們今年又吃到了北海亭的清湯麵啦！」

「但願明年還能吃到這麵。」

吃完，婦人付了錢，老闆娘也照例用一天說過數百遍的客套話，向母子道別：「謝謝光臨，預祝新年快樂！」

在生意興隆中，不覺又迎來了一年一度的除夕夜。北海亭的老闆和老闆娘雖沒言語，但九點一過，二人都心神不寧，時不時地傾聽門外的聲響。

在那第二張桌上，早在半個鐘頭前，老闆娘就已擺上了「預約席」的牌子。終於挨到十點了，就彷彿一直在門外等著最後一個客人離去才進店堂一樣，母子三人悄然進來了。

哥哥穿一身中學生制服，弟弟則穿著去年哥哥穿過的大格運動衫。兄弟倆這一年長高了許多，簡直認不出來了，而母親仍然是那身褪了色的花格呢裙裝。

「歡迎您！」老闆娘滿臉堆笑地迎上前去。

「那個……清湯麵……要兩份……可以嗎？」

「噯。請，請。呵，這邊請！」老闆娘一如既往，招呼他們在第二張桌子邊就座，並若無其事地順手把那個「預約席」牌藏在背後，對著櫃檯後面喊道：「麵，兩碗——！」

「好咧，兩碗麵——！」

可是，老闆卻將三把麵扔進了湯鍋。

於是，母子三人輕柔的話語又在空氣中傳播開來。

「昕兒、淳兒，……今天媽媽要向你們兄弟二人道謝呢。」

「道謝？……怎麼回事呀？」

「因爲你們父親發生的交通事故，連累人家八個人都受了傷，我們的全部保險金也不夠賠償的，所以，這些年來，每個月都要積存些錢幫助受傷的人家。」

「噢，是嗎，媽媽？」

「嗯，是這樣，昕兒當送報員，淳兒又要買東西，又要準備晚飯，這樣媽媽就可以放心地出去做工了。因爲媽媽一直勤奮工作，今天從公司得到了一筆特別津貼，我們終於把所欠的錢都還清了。」

「媽媽、哥哥，太棒了！放心吧，今後，晚飯仍包在我身上好了。」

「我還繼續當業餘送報員！小淳，我們加油哪！」

「謝謝……媽媽實在感謝你們。」

……

這天，母子三人在一餐飯中說了很多話，哥哥「坦白」了自己怎樣擔心母親請假誤工，代爲出席弟弟學校家長座談會，會上聽小淳如何朗讀他的作文《一碗清湯蕎麥麵》。這篇曾代表北海道參加了「全國小學生作文競賽」的作文寫道：父親因交通事故逝世後，留下一大筆債務；媽媽怎樣起早貪黑拚命工作；哥哥怎樣當送報員；母子三人在除夕夜吃一碗清湯麵，麵怎樣好吃；麵館的叔叔和阿姨每次向他們道謝，還祝福他們新年快樂……

小淳朗讀的勁頭，就好像在說：我們不洩氣、不認輸，堅持到底！弟弟在作文中還說，他長大以後，也要開一家麵館，也要對客人大聲說：「加油呢，祝你幸福。……」

剛才還站在櫃檯裏靜聽一家人講話的老闆和老闆娘不見了。原來他們夫婦已躲在櫃檯後面，兩人扯著一條毛巾，好像拔河比賽各拉著一頭，正在拚命擦拭滿臉的淚水……

三

又過去了一年。

在北海亭麵館靠近暖氣的第二張桌子上，九點一過就擺上了「預約席」的牌子，老闆和老闆娘等啊、等啊，始終也未見母子三人的影子。轉過一年，又轉過一年，母子三人再也沒有出現。

北海亭的生意越做越興旺，店面進行了裝修，桌椅也更新了，可是，靠暖氣的第二張桌子，還是原封不動地擺在那兒。

光陰荏苒，北海亭夫妻麵館在不斷迎送食客的百忙中，又迎來了一個除夕之夜。

手臂上搭著大衣，身著西裝的兩個青年走進北海亭麵館，望著座無虛席、熱鬧非常的店堂，下意識地歎了口氣。

「眞不湊巧，都坐滿了……」

老闆娘面帶歉意，連忙解釋說。

這時，一位身著和服的婦人，謙恭地深深低著頭走進來，站在兩個青年中間。店內的客人一下子肅靜下來，都注視著這幾位不尋常的客人。只聽見婦人輕柔地說：「那個……清湯麵，要三份，可以嗎？」

一聽這話，老闆娘猛然想起了那恍如隔世的往事——在那年除夕夜，母子三人吃一碗麵的情景。

「我們是十四年前在除夕夜，三口人吃一碗清湯麵的母子三人。」婦人說道，「那時，承蒙貴店一碗清湯麵的激勵，母子三人攜手努力生活過來了。」

這時，模樣像是兄長的青年接著介紹說：「此後我們隨媽媽搬回外婆家住的滋賀縣。今年我已通過國家醫師考試，現在是京都醫科大學醫院的醫生，明年就要轉往札幌綜合醫院。之所以要回札幌，一是向當年搶救父親和對因父親而受傷的人進行治療的醫院表示敬意；再者是為父親掃墓，向他報告我們是怎樣奮鬥的。我和沒有開成麵館而在京都銀行工作的弟弟商量，我們制訂了有生以來最奢侈的計畫——在今年的除夕夜，我們陪母親一起訪問札幌的北海亭，再要上三份清湯麵。」

一直在靜聽說話的老闆和老闆娘，眼淚刷刷刷地流了下來。

「歡迎、歡迎，……啊，快請。喂，當家的，你還愣在那兒幹嘛?!二號桌，三碗清湯蕎麥麵——！」

老闆一把抹去淚水，歡悅地應道：「好咧，清湯蕎麥麵三碗——！」

卷二 尋找父親的捷徑

PART 2

回首往事，我覺得值得驕傲的應該是「父親」這個角色的神聖感，而不是發號施令的權威。

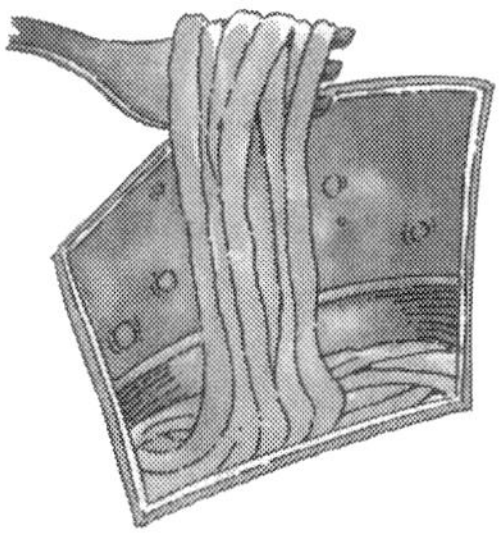

1 我總會跟你在一起

一九八九年發生在美國洛杉磯一帶的大地震，在不到四分鐘的時間裏，使三十萬人受到傷害。

在混亂和廢墟中，一位年輕的父親安頓好受傷的妻子，便衝向他七歲的兒子上學的學校。他眼前，那個昔日充滿孩子們歡聲笑語的漂亮的三層教室樓，已變成一片廢墟。

他頓時感到眼前一片漆黑，大喊：「艾曼達，我的兒子！」跪在地上大哭了起來。過了一陣，他猛地想起自己常對兒子說的一句話：「不論發生什麼，我總會跟你在一起！」他堅定地站起身，向那片廢墟走去。

他知道兒子的教室在樓的一層左後角處。他疾步走到那裏，開始動手。在他清理挖掘時，不斷有孩子的父母急匆匆地趕來，看到這片廢墟，痛哭並大喊：「我的兒子！」、「我的女兒！」，哭喊過後，他們絕望地離開了。有些人上來拉住這位父親說：「太晚了，他們已經死了。」

這位父親雙眼直直地看著這些好心人，問道：「誰願意來幫助我？」沒人給他肯定的回答，他便埋頭接著挖。

消防隊長擋住他：「太危險了，隨時可能發生起火爆炸，請你離開。」

這位父親問：「你是不是來幫助我？」

員警走過來：「你很難過，難以控制自己，可這樣不但不利於你自己，對他人也有危險，馬上回家去吧。」

「你是不是來幫助我？」

人們都搖頭歎息著走開了，都認爲這位父親因失去孩子而精神失常了。

這位父親心中只有一個念頭：「兒子在等著我。」

他挖了八小時、十二小時、二十四小時、三十六小時，沒人再來阻擋他。他滿臉灰塵，雙眼佈滿血絲，渾身上下破爛不堪，到處是血跡。到第三十八小時，他突然聽見底下傳出孩子的聲音：「爸爸，是你嗎？」

是兒子的聲音！父親大喊：「艾曼達！我的兒子！」

「爸爸，眞的是你嗎？」

「是我，是爸爸！我的兒子！」

「我告訴同學們不要害怕，說只要我爸爸活著，就一定會來救我，也就能救出大家。因爲你說過，不論發生什麼，你總會和我在一起！」

「你現在怎麼樣？有幾個孩子活著？」

「我們這裏有十四個同學，都活著，我們都在教室的牆角，屋頂塌下來架了個大三角形，我們沒被砸著。」

父親大聲向四周呼喊：「這裏有十四個孩子，都活著！快來人。」過路的幾個人趕緊上前來幫忙。五十分鐘後，一個安全的小出口開闢了出來。

父親聲音顫抖地說：「出來吧！艾曼達。」

「不！爸爸。先讓別的同學出去吧！我知道你會跟我在一起，我不怕。不論發生了什麼，我知道你總會跟我在一起。」

這對了不起的父子在經過巨大災難的磨礪後，無比幸福地緊緊擁抱在一起。

2 向爸爸買一個小時

爸爸下班回到家已經很晚了，很累並有點煩，他發現五歲的兒子靠在門旁等他。

「爸，我可以問你一個問題嗎？」

「什麼問題？」

「爸，你一小時可以賺多少錢？」

「這與你無關，你爲什麼問這個問題？」父親生氣地問。

「我只是想知道，請告訴我，你一小時賺多少錢？」小孩哀求道。

「假如你一定要知道的話，我一小時賺二十美元。」

「哦，」小孩低下了頭，接著又說，「爸，可以借我十美元嗎？」

父親發怒了，「如果你只是要借錢去買毫無意義的玩具的話，給我回到你的房間並上床睡覺去。好好想想爲什麼你會那麼自私。我每天長時間辛苦工作著，沒時間和你玩小孩子的遊戲。」

小孩安靜地回到自己的房間，關上門。

父親坐下來還在生氣。後來，他平靜下來了，開始想可能對孩子太凶了，或許孩子真的很想買什麼東西，再說他平時很少要過錢。

父親走進小孩的房間：「你睡了嗎，孩子？」

「爸，還沒，我還醒著。」小孩回答。

「我剛剛可能對你太凶了，」父親說，「我把今天的氣都爆發出來了。這是你要的十美元。」

「爸，謝謝你。」小孩歡叫著，從枕頭下拿出一些被弄皺的鈔票，慢慢地數著。

「你已經有錢了，爲什麼還要？」父親生氣地問。

「因爲在這之前不夠，但我現在足夠了。」小孩回答，「爸，我現在有二十美元了，我可以向你買一個小時的時間嗎？明天請早一點回家，我想和你一起吃晚餐。」

將這個故事與你所喜歡的人分享，但更重要的是，與你所愛的人分享這價值二十美元的時間。

提醒辛苦工作的人們，花一點時間來陪那些在乎我們、關心我們的人，不要讓時間從指縫間溜走。

3 不體貼的父親

聽著，兒子，當你躺下睡著了，小手托著嫩腮，微汗的額頭舔著鬈曲的金髮，我要告訴你這些話。

我獨自一個人悄悄地走進你的房間。就在幾分鐘之前，我坐在書房裏閱讀文件的時候，一陣難以抑止的後悔波浪淹沒了我。帶著不安和負罪的心情，我來到你的床邊。

這些是我想到的事情，兒子，我對你太蠻橫了。當你穿衣服上學的時候，我責罵你，因爲你沒有洗臉，只是用毛巾隨便擦一把；因爲你沒有把鞋子擦乾淨，我又斥責你；當你把東西隨便扔在地板上，我又生氣地呵斥你。

在吃早飯的時候，我又挑你的毛病。你把東西灑在桌子上，你吃東西狼吞虎嚥；你把手肘放在桌子上；你的麵包塗了太厚的牛油；當你去玩，而我去趕火車的時候，你轉過身來，擺著你的手說：「爸爸，再見！」而我卻皺起眉來回答：「挺起胸來，兩肩向後張！」

然後，下午更是如此。當我走回來，看到你跪在地上玩彈珠，長褲上破了好幾個洞。我押著你走在我前面，強迫你回家，使你在朋友面前丟臉。「褲子很貴的，如果你花自己的錢去買，你就會小心了！」兒子，你想想，這竟是做父親所說的話！

你還記不記得，之後當我在書房裏閱讀文件，你走進來的樣子？怯怯縮縮地，眼中帶著委屈。我抬頭看到你，對於你的打擾，感到非常地不耐煩，而你在書房門口猶豫著。

「你要幹嘛？」我大聲責問。

你什麼也沒有說，只是很快地跑了過來，抱著我的頸子，親了我一下，而你的小胳膊，帶著神在你心中所給予的熱情，緊緊地摟著我，這種熱情，即使沒有受到注意，也不會枯萎。然後你就走開，蹬蹬蹬地上樓去了。

兒子，就在你走開之後，我手中的文件掉了下去，心中滿是悔意。我怎麼被習慣弄成這種樣子？這種挑毛病和申斥你的習慣，竟是當你還是一個小男孩的時候我給你的東西。這樣做並不是因爲我不愛你，而是因爲我對你期望太高了——我是以自己年齡的尺度來衡量你。

在你的個性中，卻有著美好和眞實的特點，你小小的心，卻大得如那擁蓋群山的黎明。這一切都在你自動跑進來親我道晚安中表現出來了。兒子，今天晚上其他的一切都不重要了。我在黑暗中來到你的床邊，跪在這裏，帶著慚愧！

這只是輕微的補償。我知道當你醒來的時候，我如果把這些告訴你，你也不會懂的。但明天我要做一個眞正的父親！我要跟你做朋友，當你難過的時候，和你一同難過，當你歡笑的時候，和你一同歡笑。我要嚴肅地再三告訴我自己：「他還只是一個男孩！一個小男孩！」

我想我過去是把你看成一個大男人。但現在我看看你，兒子，你疲倦地蜷縮在你的小床裏，我看出你還是一個小嬰兒。似乎昨天你還是躺在你母親的懷裏，小頭依在她的肩上。我對你的要求眞是太過分了、太過分了。

4 鮮花中的愛

父親頭一次送鮮花給我，是我九歲那年。那時，我參加了六個月的踢踏舞學習班，準備迎接學校一年一度的音樂會。作爲新生合唱隊的一員，我感到激動、興奮。但我也知道，自己貌不出眾，毫無動人之處。

眞叫人大吃一驚，就在表演結束來到舞臺邊上時，我聽見有人喊我的名字，而且往我懷裏放了一束芬芳的長梗紅玫瑰。我站在舞臺上的情景至今歷歷在目，臉兒通紅通紅的，注視著腳燈的另一邊。那兒，我父母笑吟吟地望著我，使勁的鼓掌。

一束束鮮花，伴隨著我跨過人生的一個個里程碑，而這些花是所有花中的第一束。

快到我十六歲生日了。但這對我並不是一件值得快樂的事。我身材肥胖，沒有男朋友，可是好心的父母要給我辦個生日晚會，這給我的心情愈發增加了痛苦。

當我走進餐廳時，桌上的生日蛋糕旁邊有一大束鮮花，比以前的任何一束都大。我想躲起來，我沒有男朋友送花，只有自己的父親送了這些花。十六歲是迷人的，可我卻想哭。若不是我最要好的朋友弗麗絲小聲說：「呃，有這樣的好父親，眞運氣！」我眞就哭了。

時光荏苒，父親的鮮花陪伴著我的生日、音樂會、授獎儀式、畢業典禮。

大學畢業了，我將從事一項新的事業，並且馬上就要做新娘了。父親的鮮花標誌著他的自豪，標誌著我的成功。這些花帶給我歡樂和喜悅，伴隨我成長、成熟。父親在感恩節送來豔麗的黃菊花，耶誕節送來茂盛的聖誕紅，復活節送來潔白的百合，生日送來鮮紅的玫瑰。父親將四季鮮花紮爲一束，祝賀我孩子的生日和我們搬進自己的新居。

我的好運與日俱增，父親的健康卻每下愈況，但直到因心臟病與世長辭，他的鮮花禮物從不曾間斷過。父親從我的生活中失去了，我買了最大、最紅的一束玫瑰花，放在他的靈柩上。

在以後的十幾年裏，我時常感到有一股力量，催促我去買些花來妝點客廳，然而我始終沒有去買。我想，這花再也沒有過去的那種意義了。

又到我的生日了。那天，門鈴突然響了，我覺得意外，因爲家裏只有我一個人。丈夫打高爾夫球去了，兩個女兒也出門了，十三歲的兒子麥特一大早就跑出去玩，根本沒提到過我的生日。因此，當我見到麥特站在門口時，心裏有些詫異。「我忘記帶鑰匙了，」他聳聳肩說，「也忘記您的生日了。喏，我希望您能喜歡這些鮮花，媽媽。」他從身後抽出一束鮮豔的長壽菊。

「噢，麥特，」我喊道，將他緊緊摟在懷裏，「我愛鮮花！」

5 我的夢想和父親的祈禱

當一個孩子懷有夢想、再加上父親的祈禱，奇蹟就會出現。

「需要：小提琴。不能付過多的錢。請與……」

為什麼偏偏會注意這條廣告？我把報紙擱在膝蓋上，閉上雙眼，回想起許多年前我也曾想要一把小提琴，但家裏沒有更多的錢……

我的姐姐們都對音樂十分感興趣，安娜學著彈奶奶的鋼琴，蘇姍妮用爸爸的小提琴拉練習曲。簡單的曲調經過多次彈奏，變成了美妙的音樂。隨著音樂的節奏，爸爸哼著，媽媽吹起口哨，小弟弟滿屋子地跳，而我只能在一旁靜靜地聽著。

噢，我太想要一把小提琴了，我最愛聽弓穩穩地從弦上拉出圓潤的聲音。但我知道這是不可能的。

那一年太不景氣了，莊稼的收成並不像我們預期的那麼多。雖然生活還是很艱難，可我仍忍不住提出了要求：「爸，我能有自己的小提琴嗎？」

「你不能用蘇姍妮的嗎？」

「我也要進校樂隊，我們倆不能同時用一把小提琴啊！」

爸爸看上去很難過。從那個晚上以後，我都聽見爸爸帶著我們全家，虔誠地對上帝祈禱：「主啊！瑪麗想要她自己的小提琴。」

一天晚上，我們圍著桌子坐著，兩個姐姐和我在讀書，媽媽在縫衣服，爸爸給住在哥倫布的一個朋友喬治．費英克寫信。爸爸說費英克先生是一位小提琴家。爸爸邊寫邊大聲對媽媽念。幾個星期之後，我才知道，有一段爸爸沒念：「您能幫我為我的小女兒找一把小提琴嗎？我不能花很多錢。但她非常喜歡音樂，我們想讓她有自己的樂器。」

幾星期後，爸爸收到從哥倫布來的回信，他宣布：「我們要去哥倫布，住在愛麗絲姨媽家。只要找到看牲口的人，我們馬上就出發。」

那一天終於來到了。我們很順利地到了愛麗絲姨媽家。剛一到，爸爸就去打電話。他放下電話後問我：「瑪麗，你願意和我一起去拜訪費英克先生嗎？」

「當然。」我說。

爸爸把車開進一片住宅區。在一幢漂亮的舊式房子前，爸爸把車停在私人車道上。我們登上臺階，按響了門鈴。門開了，走出一位比爸爸高，也比爸爸老的先生。「請進。」他和爸爸熱情地握著手，相互寒暄。

「瑪麗，我早就聽說你的事了。你爸爸會讓你大吃一驚的。」他把我們帶到客廳，拿出一個盒子，打開後從裏面取出一把小提琴，並開始演奏。動人的旋律如瀑布一般飛湧而下，在客廳裏迴盪。我暗想：噢，一定要拉得像他那樣。

樂曲結束了，他轉過頭對爸爸說：「卡爾，這把琴是我在一家當鋪花七美元買的，這是一把好琴，瑪麗可以用它奏出美妙的音樂。」說完，把琴遞給了我。

當我完全明白時，才注意到爸爸眼中的淚花。它是我的了，我輕輕地撫摸著它，「太漂亮了。」半天我才說出一句話。

幾個月過去了，我每天都練琴。柔和的琴身在我的頸下適宜地躺著，它就像是我身體的一部分。

轉眼間又過去了幾年，兩個姐姐畢業了，我成了學校第一小提琴手。兩年後，我也畢業了，提著裝有心愛小提琴的琴盒步入社會，隨後上護士學校、結婚、在醫院上班、培養四個女兒。許多年過去了，我的小提琴時時刻刻都跟隨我們，我精心地保藏著它。一看到它，立刻就想到我仍是那麼喜歡它，總想馬上拉一拉。可我的孩子們沒有一個留意過它。

最後，她們一個個都結婚離開了家……

我手裏拿著那份有需求廣告的報紙，極力讓自己回到現實。重新又看了那條廣告，是這條廣告讓我又回到了童年時代。我把報紙撂到一邊，自言自語道：「我得找到我的琴。」在壁櫥的底部找到了琴盒，打開蓋子，從襯有玫瑰色天鵝絨的琴盒裏取出小提琴。我的手指輕輕地撫摸著金棕色的琴板，撥了撥琴弦，它美妙的音質絲毫沒變。

我想起了爸爸，當我還是一個小女孩的時候，是他竭盡全力來滿足我的希望和要求，我將感謝他一輩子。

我把琴放回琴盒，拿起報紙走到電話旁，撥動了號碼盤。

第二天，一輛老式汽車停在門前的車道上。一個三十幾歲的男人來敲門，他說：「我一直在祈禱能有人看到我的廣告，給我回音。我女兒想小提琴都快要想瘋了。」他仔細看了我的琴後，問道：「您要多少錢？」

我知道，這把琴，任何一家樂器店都會給我一個好價錢。可我聽見自己的回答是：「七美元。」

「您肯定嗎？」他問道。他的神色使我想起了爸爸。「七美元，」我重複說，又加了一句：「我希望您的小女兒能像我一樣喜歡這把小提琴。」

他走後，我關上門，從窗簾縫向外看，他的妻子和孩子們在車裏等他。車門突然打開了，一個小女孩跑了出來。他爸爸把琴小心翼翼地遞給了她。她緊緊抱住琴盒，然後跪在地上，急忙打開琴盒。她輕輕地摸著琴，琴彷彿是黃昏時刻的陽光那樣通紅。蓋上琴盒後，那個小女孩緊緊地摟住了微笑的父親。

6 跟爸爸跳舞

在我父母的「金婚」慶祝會上，我同父親跳起了舞。父親的手托著我的腰，像往日一樣，一邊引導著我，一邊有節奏地、朝氣蓬勃地哼著那首曲子。我們向參加慶祝會的客人笑著，點著頭，跳了一輪又一輪。籠罩在他心頭的「陰影」現在消失了。

我不禁想起了往日的時光。

我記得，在我快三歲的時候，父親下班回來，一下子將我抱在懷裏，然後就繞著桌子跳了起來。母親笑著對我們說：「晚飯要涼了。」但爸爸說：「她剛跟上舞曲！晚飯可以等一等。」

然後他喊道：「使勁地奏吧，讓我們痛快、痛快！」我也喊道：「我們叫這些藍東西都轉起來吧！」

年復一年，我都是同父親一起跳舞。我們還在女子巡迴營火舞會比賽上獲了獎。我們還學會了吉特巴舞。父親一旦踏上舞步，就同舞廳裏的每個人跳。我們都樂得哈哈大笑，並爲我那愛跳舞的父親鼓掌。

十五歲那年，有天晚上，我心情憂鬱，情緒低落。這時父親在留聲機子上放了一疊唱片，逗我同他跳舞。「來，」他說，「讓我們叫這些藍東西都轉起來吧。」

我轉過臉去，沒有理他。當他將手放在我肩上時，我一下子從椅子裏跳了起來，厲聲叫道：「別碰我！我討厭跟你跳舞！」

這時我看見父親臉上露出了痛苦的表情，但話已出口，無法收回。我跑進自己的房間，嚎啕大哭了起來。

自那以後，我們再沒有一起跳過舞。每次跳完舞回家，我都看見父親穿著他那件法蘭絨睡衣，坐在他最喜愛的那張椅子裏等我回來。有時候他在椅子裏都睡著了，於是我便叫醒他，說：「您這麼累，應該上床睡呀。」

「不，不累，」他總是說，「我只是在等你回來。」

時光荏苒。我的第一個孩子出世不久，有一天，母親打電話告訴我父親病了。「心臟病，」她說，「別回來，到這兒有三百英里，你來會使你父親心煩的。」

適宜的飲食使父親康復了。母親來信說他們參加了一個跳舞俱樂部：「醫生說跳舞是種有益的運動。你一定還記得你父親是多麼喜愛跳舞吧。」

是的，我記得，往事依然歷歷在目。

父親退休後，我們和好了，見面時我們又是擁抱又是親吻。他同他的孫女跳起了舞，但沒有請我跳。我知道他在等我向他道歉，但我卻找不到合適的話來表示。

父母親結婚五十週年的日子來到了，我們兄妹幾個聚在一起，計畫開個慶祝會。哥哥說：「你還記得你不願意和父親跳舞的那天晚上嗎?好傢伙!他氣壞了，我想不到他會那樣氣憤。我想從那以後，你再沒有跟他跳過舞吧?」

我不置可否。

弟弟答應找樂隊。

「一定要找個會奏華爾滋和波爾卡的樂隊。」我說。

我沒有告訴他，我的心願就是再同父親跳次舞。

晚宴過後，當樂隊開始奏樂時，父母親站了起來，他們繞場一周，邀請客人們一起跳舞。客人們都站了起來，熱烈鼓掌，祝賀這「金色」的一對。

父親同他的孫女們跳了起來。這時樂隊奏起了《啤酒桶波爾卡》。

「使勁奏啊！」我聽見父親在喊。我知道時候到了。我繞過幾對客人，來到父親跟前，拍了一下我女兒的肩膀。

「對不起，我想這是我的舞。」我一邊說著、一邊盯著父親的眼睛，差點哽咽住了。這時父親好像被什麼釘住了似的，木然地站在原處。

我們的眼光碰在一起了，然後回到了那個難忘的晚上。

我用顫抖的聲音說道：「讓我們叫那些藍色的東西轉起來吧。」

父親接著鞠了個躬，說：「哦，好！我一直在等你。」

然後他開懷大笑，我們隨著音樂滑進了各自的懷抱。

7 盛滿親情愛意的紙袋

書房架子的高處，放著一只紙箱，上面寫著幾個大字：「好東西。」每當我俯案寫作，就能看到它，箱子裏是些私人收藏，是些在一次次篩選丟棄中倖存下來的東西。小偷往箱子裏瞧瞧，保證沒他想拿的東西，裏面任何一件東西都值不了兩毛錢。不過，一旦房子失火，我逃命時準會帶上它。

這個特別的午餐袋，我已保存了十四年。實際上它屬於我女兒莫莉。莫莉上小學後，每天早上熱情十足地給我們大家分裝午餐，用的就是這種午餐袋。每只袋中裝著一份三明治、幾個蘋果和買牛奶的錢。有時還有一張紙條或是一張優惠券。

一天早上，莫莉遞給我兩個紙袋，一個裝著午餐，另一個卻用釘書針和紙夾子封著口，不知內裝何物。

「怎麼兩個袋子？」我問。

「另外那個是些別的東西。」

「什麼？」

「零零碎碎的玩意兒。只管帶上好啦！」我把兩個紙袋強塞進公事包，匆匆吻了吻莫莉，就上班去了。

中午邊匆匆忙忙吞著午飯，邊撕開莫莉給的另一個紙袋，抖擻著倒出了裏面的東西。只見二條髮帶、三顆小石子、一隻塑膠恐龍、一枚鉛筆頭、一個小貝殼、二塊動物餅乾、一只玻璃球、一支廢口紅、一個小娃娃、二顆赫爾希牌小糖果，還有十三枚硬幣。

我不由笑起來，都是些什麼寶貝喲！我急著騰清桌面、忙於下午的緊急公務，便將莫莉的小玩意兒和我吃剩的午飯一齊倒進了廢紙簍。

晚上我正讀著報，莫莉跑到身邊問：「我的袋袋呢？」

「我忘在辦公室了，怎麼啦？」

「我忘記把這張紙條放進去了，」她遞給我一張紙條，「另外，我想把紙袋要回來。」

「爲什麼？」

「袋袋裏都是我最喜歡的東西，爸爸，眞的。我原先以爲您也許高興玩它們呢！現在我自己又想玩了，您沒把它弄丟吧，爸爸？」莫莉的眼裏閃著淚花。

「噢，沒丟，」我忙哄她，「我只是忘記帶回來了。」

「明天帶回來，好嗎？」

「一定！別擔心。」她鬆了一口氣，雙手摟住我的脖子。我打開紙條，只見上面寫著：我愛你，爸爸！

我久久凝視著女兒的小臉。莫莉把她的珍愛之物給了我——那全是一個七歲孩子的珍寶。紙袋中盛滿著親情愛意。而我，不但忽略了這一點，還把它扔進了廢紙簍！天哪！我覺得自己簡直不配當爸爸。

反正無事可做，儘管辦公室離家挺遠，我還是趕了回去，在看門人清掃之前拎起了廢紙簍。我把裏面的雜物一股腦兒倒在桌面上。正當我一件件向外挑揀那些寶貝時，看門人進來了。

「丟了什麼?」他問。我覺得自己活似個大傻瓜,於是就告訴他始末根由。

「我也有過小孩子。」他說。一對傻兄傻弟就在垃圾堆中扒揀起珍珠寶貝來,一邊相視而笑。看來幹這種傻事的,確實還大有人在啊!我把恐龍身上沾的芥末洗掉,又往那些寶貝上大噴了一通清涼劑,壓掉那股洋蔥味。我攤平那個棕色紙團,勉強使它像個紙袋,把那些玩意兒裝進去,然後,像揣著一隻受傷的小貓,小心翼翼將它帶回了家。

次日晚上,我把紙袋還給莫莉,沒做任何解釋。紙袋已經很不像樣子,不過裏面的東西一件不少,這才是最要緊的。晚飯後,我請她講講那些寶貝,她便一個個掏出來,一排溜擺在飯桌上。

她講了很長時間,每一件物品都有一個故事。有些東西是仙女送的,赫爾希牌小糖果是我給的,她一直保存著,想吃時就拿出來享用。我一邊聽,一邊不時插上一句「噢,我懂了」之類的話。而且,我也確實懂。

令我吃驚的是,幾天之後,莫莉又把袋子給了我,仍舊是那些內容。我感到自己得到了諒解，又獲得了信任，她依舊愛我，我這個爸爸當得更加愜意。一連好幾個月，那個紙袋不時被取走，又不時交給我。可我到底沒弄明白，在一些特殊的日子裏，我爲什麼有時得到它，有時卻又得不到它。我開始把它看成爸爸獎；於是每晚竭力要做個好爸爸，以便第二天早晨能夠得獎。

莫莉慢慢長大，興趣也隨之轉移，有了新的喜好。我呢，仍舊只有那個紙袋。

我想，在這甜蜜的生活中，自己肯定有時忽略了親人給予的親情愛意。一個朋友把這種情景叫做「站在河中，死於乾渴」。

喏，那只破舊的紙袋就在紙箱裏。很久以前，一個小女孩把它給了我，她說：「這是我最好的東西，拿去吧——給你了。」

我第一次得到它時，丟掉了它。不過，現在它永遠屬於我了。

8 無言的愛

父親不懂得怎樣表達愛，使我們一家人融洽相處的是媽媽。他只是每天上班下班，媽媽則把我們做過的錯事開列清單，然後由他來責罵我們。

有一次，我偷了一塊糖果，他要我把它送回去，告訴賣糖的說是我偷來的，說我願意替他拆箱卸貨作爲賠償。但媽媽卻明白我只是個孩子。

我在運動場盪秋千跌斷了腿，在前往醫院途中一直抱著我的，是媽媽。父親把汽車停在急診室門口，醫院工作人員叫他駛開，說那空位是留給緊急車輛停放的。父親聽了便叫嚷道：「你以爲這是什麼車？旅遊車？」

在我的生日會上，父親總是顯得有點不大相稱。他只是忙於吹氣球，佈置餐桌、做雜務。把插著蠟燭的蛋糕推過來讓我吹的，是媽媽。

我翻閱相冊時，人們總是問：「你爸爸是什麼樣子的？」天曉得！他老是忙著替別人拍照。媽媽和我笑容可掬地一起拍的照片，多得不可勝數。

我記得媽媽有一次叫他教我騎自行車。我叫他別放手，但他卻說是應該放手的時候了。我摔倒之後，媽媽跑過來扶我，爸爸卻揮手要她走開。我當時生氣極了，決心要給他點顏色看。於是我馬上再爬上自行車，而且自己騎給他看。他只是微笑。

我念大學時，所有的家信都是媽媽寫的。他除了寄支票以外，還寄過一封短柬給我，說因爲我沒有在草坪上踢足球了，所以他的草坪長得很美。

每次我打電話回家，他似乎都想跟我說話，但結果總是說：「我叫你媽來聽。」

我結婚時，掉眼淚的是我媽媽。他只是大聲擤了一下鼻子，便走出房間。

我從小到大都聽他說：「你到哪裡去？什麼時候回家？汽車有沒有汽油？不，不准去。」

父親完全不知道怎樣表達愛。除非……

會不會是他已經表達了，而我卻未能察覺？

9 父親的涵義

每年六月的父親節，那些以贏利為目的的商業廣告，投入多得驚人，像出售賀卡、鮮花和領帶啦，還有長途問候電話什麼的。儘管我並不在乎那些表面的東西，可每到這一天，我發現自己非常期待孩子們的衷心問候，如果哪個不打電話、寫信或來看我，我一定會生氣的，他們能不斷喚起我許多美好的回憶。

我從未認眞考慮過父親的涵義。直到我二十一歲結婚後，第一個兒子就要降臨了，我便夢想著他的一切：由一個幼嫩的嬰兒，變爲一個眞正的男子漢，精力旺盛、寬厚待人、博學多才並且受人矚目；夢想他會成爲一個完美無缺、前途無量的人。

在我做父親的歷程中，鬧的第一個笑話是在孩子剛出生後的幾分鐘。我站在嬰兒室的玻璃隔牆外面，看著護士托起新生的兒子。因爲難產，他的頭像腫了個大包，樣子有點怪，臉上也青一道、紅一道，亂七八糟的。我又急又怕，還深深地感到內疚，好像是我把他弄成那個怪樣子的。這個新生的、那麼純潔的小東西，他還什麼也不知道，我已遺傳給他那麼難看的樣子！這時，護士已把他又放回了小床，也許是察覺了我的擔心，她走過來向我保證：「不要緊的，最困難的時候已經過去了，到晚上，一切都會正常的。」她說的完全正確，到晚上再見到他時，已是一個粉紅的、可愛的小人兒了，我當時的擔心真是多餘。

四十一年的考驗和挫折，教會了我許多東西。我體會到做個父親是多麼的不易。即使在生活比較好過的時期也是如此。

兒子出生一年多後，第一個女兒到來了。那時，我已經學會了如何給孩子換尿布和泡奶，但仍經常感到不像那麼回事。那會兒，醫院已允許父親進入產房接觸新生兒，是我和護士一起把她從產房推到病房的。

她母親還沒從產房出來，只有我和她待在一起。我彎下腰，目不轉睛地凝視著她，她睡得那麼香，這個不可思議的小東西。時間在一分一秒地過去，我忽然感到一陣強烈的恐慌：這是一個女孩呵！女孩！如果她突然需要什麼，我該怎麼辦？女孩是不是需要父親的特殊照料？在這個充滿危險的世界裏，我怎樣才能保護她不受傷害？直到她筋疲力盡的母親來到時，我才從驚慌中醒來。

回首往事，我認爲值得驕傲的，應該是「父親」這個角色的神聖感，而不是發號施令的權威。但我也認爲一個父親應該能解答一切問題，有戰勝一切的自信。想當年我父親就是這樣想的，儘管他英年早逝，但他那種天塌下來都不會眨一下眼睛的神情，我終身難忘。不過，我敢打賭，就是在他看上去最堅定不移的時候，他心裏也不是沒有疑惑，只不過不容易看出來罷了。他控制局面的辦法，就是不讓人們發現那些他無能爲力的危險。

其實，那種自以爲是的想法是最靠不住的。二十多年前，一個嚴冬的夜晚，我們的房子忽然起火了，火是從裏面燒起的。當時在家的有我和我妻子、兩個女兒，一個十八歲，一個八歲，她們住在樓上的兩個房間裏。當火著起來時，在最初幾分鐘慌亂中，我和妻子分別從兩個門跑了出來，然後又手忙腳亂地企圖再進去救女兒們。我們剛跑到正門，門開了。小女兒鎮靜地走了出來，在那身後，臥室裏火勢正猛，像是要爆炸了似的。幾乎同時，大女兒也從窗戶跳了出來，撲進我的臂彎裏。

那天晚上，我們幾個，還有狗，一起擠在汽車裏，眼看著我們的家在大火中慢慢地倒下去。

事後我想，那場火可能是因爲我抽雪茄不小心引起的。不管怎麼樣，在生死攸關的時刻，我沒能幫助女兒們，是她們自己救了自己。

那次經歷，我感受最深的是，「父親」也有無能爲力的時候。我徹底放棄了從前的觀點：我能知道一切，能爲孩子們安排好生活。

當然，我的成年的孩子們都已自立了，儘管我仍想盡父親之責，卻無能爲力。

就連我那雄心勃勃的小女兒，才五歲，也總要自己解決困難，不需要我幫忙。

我一直把對我有著特殊意義的第二個兒子留在身邊，他出生在四月五日，我父親的生日也在這一天。也許這只是數字上的巧合，可我總感到對他有一份特殊的感情，我常不知不覺地把他們兩個混在一起。實際上，他們長得也如此相像：高大、多情、皮膚光滑，而且都那麼坦率。可惜父親生前沒能見到他。當然，在今年八月的那一天——父親節，我會更加深深地懷念親愛的父親，因爲那個酷似他的人，將在這一天舉行婚禮，在父親節這一天。

10 陪伴一輩子的音樂

我還記得那天父親費勁地拖著那架沉重的手風琴來到屋前的樣子。他把我和母親叫到起居室，把那個寶箱似的盒子打開。「喏，它在這兒了，」他說，「一旦你學會了，它將陪你一輩子。」

我勉強地笑了一下，絲毫沒有父親那麼好的興致。我一直想要的是一把吉他，或是一架鋼琴。當時是一九六〇年，我整天黏在收音機旁聽搖滾樂。在我狂熱的頭腦中，手風琴根本沒有位置。我看著閃閃發光的白鍵和奶油色的風箱，彷佛已聽到我的哥兒們關於手風琴的笑話。

接下來的兩個星期，手風琴被鎖在走廊的櫃櫥裏，一天晚上，父親宣布：一個星期後我將開始上課了。我難以置信地看著母親，希望得到幫助，但她那堅定的下巴，使我明白這次是沒指望了。

買手風琴花了三百塊，手風琴課一節五塊錢，這不像是父親的性格。他總是很簡樸、很務實，他認爲，衣服、燃料甚至食物都是寶貴的。

我在櫃櫥裏翻出一個吉他大小的盒子，打開來，我看到了一把紅得耀眼的小提琴。「是你父親的。」媽媽說，「他的父母給他買的。我想是農場的工作太忙了，他從未學著拉過。」我試著想像父親粗糙的手放在這雅致的樂器上，可就是想不出來那是什麼樣子。

緊接著，我在蔡利先生的手風琴學校開始上課。第一天，手風琴的帶子勒著我的肩膀，我覺得自己處處笨手笨腳。

「他學得怎麼樣？」下課後父親問道。

「這是第一次上課，他挺不錯的。」蔡利先生說。父親顯得熱切而充滿希望。

我被吩咐每天練琴半小時，而每天我都試圖溜開。我的未來應該是在外面廣闊的天地裏踢球，而不是在屋裏學這些很快就忘的曲子。但我的父母毫不放鬆地把我捉回來練琴。

逐漸地，連我自己也驚訝，我能夠將音符連在一起拉出一些簡單的曲子了。父親常在晚飯後要求我拉上一兩段，他坐在安樂椅裏，我則試著拉《西班牙女郎》和《啤酒桶波爾卡》。

秋季的音樂會迫近了。我將在本地戲院的舞臺上獨奏。

「我不想獨奏。」我說。

「你一定要。」父親答道。

「爲什麼？」我嚷起來，「就因爲你小時候沒拉過小提琴？爲什麼我就得拉這蠢玩意兒，而你從未拉過你的？」

父親剎住了車，指著我：「因爲你能帶給人們歡樂，你能觸碰他們的心靈，這樣的禮物我不會任由你放棄的。」他又溫和地補充道，「有一天，你將會有我從未有過的機會：你將能爲你的家庭奏出動聽的曲子，你會明白現在刻苦努力的意義。」

我啞口無言。我很少聽到父親這樣動感情地談論事情。從那時起，我練琴再也不需要父母催促了。

音樂會那晚，母親戴上閃閃發光的耳環，前所未有地精心化了妝。父親提早下班，穿上了套服並打上了領帶，還用髮油將頭髮梳得光滑平整。

在劇院裏，當我意識到自己是如此希望父母爲我自豪時，我緊張極了。輪到我了。我走向那張孤零零的椅子，奏起《今夜你是否寂寞》。我演奏得完美無缺，掌聲響徹全場，直到平息後還有幾雙手在拍著。我頭昏腦脹地走下臺，慶幸這場酷刑終於結束了。

時間流逝，手風琴在我的生活中漸漸隱去了。在家庭聚會時，父親會要我拉上一曲，但琴課停止了。我上大學時，手風琴被放到櫥櫃後面，挨著父親的小提琴。

它就靜靜地待在那裏，宛如一個積滿灰塵的記憶。直到幾年後的一個下午，被我的兩個孩子偶然發現了。

當我打開琴盒，他們大笑著，喊著：「拉一個吧，拉一個吧！」很勉強地，我背起手風琴，拉了幾首簡單的曲子。我驚奇於我的技巧並未生疏。很快地，孩子們圍成圈，格格地笑著跳起了舞，甚至我的妻子泰瑞也大笑著拍手應和著節拍。他們無拘無束的快樂令我驚訝。

父親的話重又在我耳邊響起：「有一天，你會有我從未有過的機會，那時你會明白。」

父親一直是對的，撫慰你所愛的人的心靈，是最珍貴的禮物。

卷三 發現母親的理由

PART 3

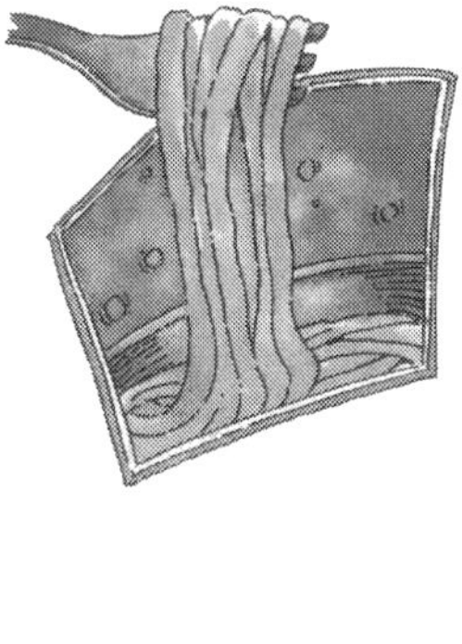

媽媽相信我們幾個孩子各有自己的特殊本領，這使我們每個人對自己特定的任務，都備感責任重大。

1 未上鎖的門

在蘇格蘭的格拉斯哥，一個小女孩像今天許多年輕人一樣，厭倦了枯燥的家庭生活、父母的管制。

她離開了家，決心要做世界名人。可不久，她每次滿懷希望求職時，都被無情地拒絕了。她只能走上街頭，開始出賣肉體。許多年過去了，她的父親死了，母親也老了，可她仍在泥沼中醉生夢死。

期間，母女從沒有什麼聯繫。可當母親聽說女兒的下落後，就不辭辛苦地找遍全城的每個街區、每條街道。她每到一個收容所，都停下腳步，哀求道：「請讓我把這幅畫貼在這兒，好嗎？」畫上是一位面帶微笑、滿頭白髮的母親，下面有一行手寫的字：「我仍然愛著你……快回家！」幾個月後，沒有什麼變化。一天，女孩懶洋洋地晃進一家收容所，那正等著她的是一份免費午餐。她排著隊，心不在焉，雙眼漫無目的地從告示欄裏隨意掃過。就在那一瞬，她看到一張熟悉的面孔：「那會是我的母親嗎？」

她擠出人群，上前觀看。沒錯！那就是她的母親，底下有行字：「我仍然愛著你……快回家！」她站在畫前，泣不成聲。這會是眞的嗎？

這時，天已黑了下來，但她不顧一切地向家奔去。當她趕到家的時候，已經是凌晨了。站在門口，任性的女兒遲疑了一下，該不該進去呢？終於，她敲響了門，奇怪！門自己開了，怎麼沒鎖門。不好！一定有賊闖了進去。記掛著母親的安危，她三步併作兩步衝進臥室，卻發現母親正安然地睡覺。她把母親搖醒，喊道：「是我！是我！女兒回來了！」

母親不敢相信自己的眼睛。她擦乾眼淚，果眞是女兒。母女倆緊緊抱在一起，女兒問：「門怎麼沒有鎖？我還以爲有賊闖了進來。」

母親柔柔地說：「自從你離家後，這扇門就再也沒有上鎖。」

2 我最愛你

朱莉如果不是那位死者，恐怕她連葬禮也會愛的。

牧師竭力以言相慰，對僵硬地坐在前排、她的三個兒子說：「你們母親的靈魂升天了。靈魂雖去，軀體仍在。」

風琴手忘了音樂，奏起了《美酒與玫瑰的時光》，她只記得住這支歌的譜子。

朱莉的二兒子史蒂文從學校飛跑進來，腳穿一雙紅白藍三色輕便鞋，上身是三件套的咖啡色西裝。

朱莉患的是一種擴散極快的癌症，才四十八歲便與世長辭，眞叫人難以相信。大兒子查克還在自己的公寓裏，他奶奶帶來了這個噩耗。在此之前，他只聽說母親「近來有點疲倦」。

朱莉很爲大兒子感到驕傲，認爲他是「電視巨擘」。其實，他只不過是喜劇團的一個道具管理人。但他專攻過電影學，得了文憑，懂行話，每次相聚，他都不失時機地顯露一番。

查克：「最近看過什麼片子嗎，媽媽？」

朱莉：「看過《馬普爾小姐被誘》，我喜歡這部片子……。」

查克：「該片缺少陳述。」

怎麼會是這麼個傲慢的傢伙？現在要道歉，太晚了。他用手指觸摸著口袋裏的信，然後第十次把它展開。這是媽媽給他寫的最後一封信。

最親愛的查克：

既然這封信是只寫給你的，我可以對你說，我一直最愛你。

或許由於你是在我身體裏亂動的第一個小奇蹟吧。你使我第一次知道，我有無限的生命力。你是我和你爸爸艱難歲月的一部分，……你給貧困帶來了歡笑，給寒冷帶來了溫暖，給失敗帶來了成功。

你是我們的第一個孩子。你之後還會有弟弟妹妹，他們說不定能把泡泡吹得更大、嗝打得更響、比你更早地學會說話，或者走得比你還快，可這一切都是你先會的呀。

那時我們沒有經驗，可能讓你受了許多委屈。不知道怎麼給你把尿，給你洗澡時笨手笨腳，要不就看護你小心得過了分。然而，你也享受了——你享受了我們的耐心、我們旺盛的精力、我們的青春。

我們把所能給予的最好的東西給了你。這裏面有艱辛，也有歡樂。光是你小時候的照片就有六大冊。有一次，你吃得太多，不停地打嗝，不得不把醫生叫到家裏來——你像個嚇壞了的小羊羔。一切都從你開始。

我們不能沒有你，我們愛你。

媽媽

史蒂文悄悄進來坐在查克旁邊，查克急忙把信合上。

「除了這雙鞋，還得了小刀子嗎？」查克手指打了個響，朝史蒂文的紅白藍三色輕便鞋點了點頭。

「沒有，得了個飛盤。」

史蒂文深深地吸了口氣，儘量不去注意他哥哥。剛才，他在看媽媽寄給他的信，所以沒有留意查克。以前他從不知道，媽媽對他有這樣的感情。

史蒂文曾經想當個流浪漢。每回他聚眾鬧事闖了禍，媽媽總是把他拉到一邊耐心地勸他，對他說，他們理解他。可是，他們不理解，至少沒有完全理解。比如，那次全家外出度週末，偏把他一個人留下來看家，這能說他們理解他嗎？

那天晚上他們回家時，為什麼她不像別人的媽媽那樣大發雷霆，相反，卻問他：「想告訴我出了什麼事嗎？」

「你怎麼知道出了事？」他反問。

「幾輛巡警車停在咱家的草坪上，三十個鄰居穿著睡衣圍在那兒觀看。」

「我舉行了聚會。」他怎麼會這麼傻！應該說的是「對不起」，請她原諒。可再沒有機會了。他撫摸著媽媽的信，她怎麼這樣瞭解他呀！

最親愛的史蒂文：

你一定懷疑過，但儘管如此，我還是要說：我一直最愛你。

你給咱家抹上了愚蠢的斑點，可你不但不認錯收場，反而越鬧越凶。我眞羨慕你的熱情、你的獨立精神，以及你的急躁脾氣。小時候你穿的是褪色的舊衣服，玩的是破損的玩具。任何事你從不先做，但最後總是你做得最好。

我們逗著你玩，拿你開心。人說狗吻了小孩的嘴，孩子就會死。可是，狗親了你的嘴，你並沒死。人說孩子一天不睡午覺就會生病，可是一次次你沒午睡，照樣好好的。人說吸橡皮奶嘴，小孩的牙齒會長成一圈，可你直到兩歲，吸的都是橡皮奶嘴，牙齒並沒有長成一圈呀。

那些年，我們忙忙碌碌、雄心勃勃，你是這種生活的一部分。那時，我們對先做什麼、後做什麼、什麼重要、什麼次之，糊裡糊塗，不知所措。總是你提醒我們該做什麼，做的不對，也總是你出來糾正。星期六晚上你待在家裏，把我們從寂寞中解救出來，用你對生活的熱情鼓舞我們。

你是意志堅強的孩子。我們愛你。

媽媽

提姆從教堂後面看著他的兩個哥哥，然後走上前和他們坐在一起。

媽媽臨終前的那段生活，只有提姆知道，他的兩個哥哥不瞭解。提姆爲他們惋惜。他們住在家裏時，都是媽媽侍候他們。可是她在世的最後一年裏，什麼都做不了了，是提姆侍候她。謝天謝地，他能有這一年的時間來彌補過去惹她生氣和傷心。

他是家裏最小的孩子，他曾憎惡這點。他的哥哥們都曾有過晚飯後跟他們一起玩橄欖球的爸爸，和忙得不可開交、只能抽空給他們的壘球卡編號歸檔的媽媽。他卻不曾有——爸爸媽媽沒有精力了。

去年，他們同他談過，消除了他心底的怨恨。媽媽在留給他的這封信中，把什麼都說了。

最親愛的提姆：

做媽媽的不該偏心，但我一直最愛你。

正當你爸爸和我以爲青春已永遠消逝的時候，你降生了，提醒我們，仍有餘熱可發光。你使我們鬢髮重黑、步履輕捷，肩闊目明，談笑風生。

你繼承的是破損的壘球棒、跑不動的小火車、裝滿酸乳酪的冰箱；還有中年家庭的危機，和一本裏面只有蘋果布丁製作法的漫畫書。

你也繼承了我們從不期望的東西——我們的生命是要終結的。

我愛你像三十五歲的人那樣耐心細緻，愛你像九十歲的人那樣富有同情心，愛你像五十歲的人那樣精明能幹。然而我最愛的還是我十四歲的兒子，不成熟，但很驕傲。

你眞是個無可挑剔的好孩子。我們愛你。

媽媽

《美酒與玫瑰的時光》最後幾個音符消逝了，兩位婦女從教堂裏走了出來。

「看到那幾個孩子沒了媽媽，眞叫人心碎。」

另一個湊上前，小聲說：「聽說他們把所有的錢全花在她的藥上了。她什麼都沒給孩子們留下。」

3 母親的帳單

小彼得是一個商人的兒子，經常到他爸爸做生意的商店裏去逛逛。店裏每天都有一些收款和付款的帳單要處理，彼得往往受遣把這些帳單送往郵局寄走，他漸漸覺著自己似乎也成了一個小商人。

有一次，他忽然想出了一個主意：也開一張收款帳單寄給他媽媽，索取他每天幫媽媽做事的報酬。

某天，媽媽發現在她的餐盤旁邊放著一份帳單，上面寫著：

母親欠她兒子彼得如下款項：

取回生活用品　二十便士

把信件送往郵局　十便士

在花園裏幫助大人工作　二十便士

他一直是個聽話的好孩子　十便士

共計：六十便士

彼得的母親收下了這份帳單，並仔細地看了一遍，她什麼話也沒有說。晚上，小彼得在他的餐盤旁邊找到了他所索取的六十便士報酬。正當小彼得如願以償，要把這筆錢收進自己口袋時，突然發現在餐盤旁邊還放著一份給他的帳單。

他把帳單展開讀了起來：

彼得欠他的母親如下款項：

在她家裏過的十年幸福生活　〇便士

他十年中的吃喝　〇便士

在他生病時的護理　〇便士

他一直有個慈愛的母親　〇便士

共計：〇便士

小彼得讀著讀著，感到羞愧萬分！過了一會兒，他懷著一顆怦怦直跳的心，躡手躡腳地走近母親，將小臉蛋藏進了媽媽的懷裏，小心翼翼地把那六十便士塞進了她的圍裙口袋。

4 誰是我的生母

無私的愛才最真摯感人，而且永遠不會失去。

我在收拾寢室的時候，朝陽斜射入窗。這是我高興做的工作，正輕聲哼唱著，忽然我覺得身後有人。

是莉莎，我們十五歲的孩子，她臉上有奇異的表情。

「莉莎，」我說，「你嚇了我一跳，有什麼事情嗎？」

「我到底是誰？」她問。

一個冷顫順著我的脊骨而下。

「咦，你是莉莎呀。」我說，強作微笑。

「不是！我的意思是，我到底是誰？」她滿臉露出急躁不安之色。

我的丈夫瑞和我收養了莉莎。她四歲時，我們已經向她說明了這一切。

自此以後，她一直都表示她很懂得我們是深愛她的。有時候我也希望她多表示一點她也很愛我們，她一向是個很乖的孩子，令人喜愛。

「我的父母是誰？」莉莎哭了。

「啊，莉莎。你知道你是我們收養的，但爸爸和我是你的……」

「你們不是我的親生父母，你不是我的親媽！我希望知道她是誰？」

「我不知道，莉莎。」

「你知道！」她說，她咬著牙忍住了淚。「你不願意讓我知道她是誰！」她奪門而出，我頹然倒在床上。

十五年前的景象，又在我眼前重現。在一位醫生診所裏，醫生給我收養孩子的勸告。「有些孩子根本不考慮生身父母是誰，」他說，「有些則千方百計的想要知道。」

我真的不知道莉莎的母親是誰。我記得在一個九月燦爛的清晨，我懷抱著一個出生才三天的小女孩。這真是天賜良緣，我已經三十六歲，自從十七年前結婚之日起，便一直祈禱能有一個「莉莎」。收養的文件上只載明了她父親的姓名。

我們不明白莉莎爲什麼要處心積慮地尋找母親。我們知道莉莎找到了她的出生證明，然後去詢問給她接生的醫生。她詢問了律師，也詢問了家庭的朋友，甚至發現法院裏有關她出生的紀錄是密不公開的，可是她仍不死心。

從此以後，莉莎日益焦躁不安。她的學習成績低落了，她對瑞和我的態度也矜持冷淡了。即使經常去看心理治療專家，也沒有什麼用。在她十八歲生日前的那個夏天，莉莎陷入了驚人的抑鬱狀態。「我如果不發現自己究竟是誰，……我究竟屬於誰，我永不會安寧。」她常常說。

每次她說這樣的話，我心如刀割，內心充滿了矛盾。我是這樣壞的母親嗎？如果莉莎找到了生身的母親，她是否就會和我們一刀兩斷？

一個酷熱的午後，我疲倦地上樓，走到莉莎的寢室，她的房門關著，這是我司空見慣的事。「喂，莉莎，」我小聲地說，「你爲什麼這樣把自己關起來？你知道我們愛你，我們只是希望你好。」

我從那房門後退，扶著身後的欄杆。「只是希望你好。」我剛才說過，莉莎想知道她的親生父母，這對她是好事。我自私地把她包圍在一股自私的情愛裏，假使我對莉莎、對我自己有充分信心，我是否應該爲她解除這個包圍？在樓梯頂端的寂靜中，忽然一念湧上心頭：你是否愛莉莎愛到了情願爲她尋找親生父母的程度？我打了個冷顫。如果我找到了，我可能會失去她。但現在我已恍然大悟，我深愛莉莎，只好冒這個險。

數星期後，瑞和我找到了一家私家偵探。「我們想請你尋訪我們女兒的親生父母。」瑞說。我們驅車回家時，若有所失的感覺已經在我心裏作祟。

感恩節前一星期消息來了。「我找到了他們，」偵探說，「你們女兒的親生父母，在把孩子交人撫養之後十天才結婚，可是幾個月前又離婚了。這是她母親的姓名、住址與新的電話號碼。」

我看了那姓名一眼，怔住了，不知道這樁事我是否能受得了。

三天後，莉莎在電話上和她母親談了半個多小時，然後匆匆下樓。「她要來，」她大叫，「她明天要來看我！」

我倉惶失措，事情來得這樣快。「老天爺，」我小聲說，「不要叫我失去她。」我麻木地聽她說在市場會晤她母親的盛大計畫。「隨後我帶她到這裏來。」她說。我點點頭。

第二天，莉莎一大早就匆匆出去，我坐在廚房桌邊，祈禱上帝給我力量接受莉莎的母親，並且瞭解莉莎對她的感情。

忽然間，她們兩個並肩出現在門前——同樣的身高，同樣的眼睛，同樣的瑪瑙色頭髮，她們的酷似使得我喘不過氣來。

我望著那位年輕婦人美麗的容貌，看出莉莎的形象幾乎和她一模一樣。非常奇怪，我覺得對她一見如故。

感恩節後一星期，莉莎見到她的父親和兩個弟兄中的一個。她的世界漸趨於完整。她對她身世之謎的苦苦追求告一段落。莉莎的情緒漸穩，但是我的心裏卻充滿了疑懼：現在如何是好？

十二月二日，莉莎驅車和她的母親玩了一整天。多少天來，她一直什麼也不說，只是念叨這第二度會晤。我望著她出去，心裏很想和她擁抱，但是莉莎只是對我輕輕擺手。她回來的時候，我心裏痛苦不堪地想：她是不是回來收拾她的東西？

依法，她屬於我們，但她若是內心嚮往自由，合法又有什麼用？

這一天拖得好長，好像過不完。午後漸至於黃昏，我聽到門外停車的聲音，腳步聲抵達門口。莉莎走進廚房，我故意做出釋然的樣子。「你回家了，我很高興。」我說。

莉莎走過來擁抱我。「我很高興找到了我的親生父母，」她說，「我希望永遠和他們做朋友，但我是你們的。」她緊緊摟著我，並低聲對我說以前從未說過的話：「我愛你，媽媽！比以前更愛。」

我們擁抱在一起，我當時徹底瞭解了一個眞理：爲了別人而情願放棄自己最寶貴的東西，這種愛永遠不會遭受損失。它只會打開一扇門，讓愛再回轉來，……而且比以前更愛。

5 受寵的孩子

每個母親都有她最寵愛的孩子。實在是沒辦法，人性就是如此。我也有個我覺得特別親近的孩子，我們彼此間的那種友愛，是別人所無法瞭解的。

我最寵愛的孩子，是那個在他的生日會中，因爲過於病弱不能吃霜淇淋的；在耶誕節出麻疹的；因爲腳尖朝內彎，上床睡覺時腿要上夾板的；也可能是在午夜發高燒、氣喘病突發的；或是在急診病房躺在我懷裏的那個孩子。

我最寵愛的孩子，是離家在外，獨自過年；球賽結束後汽油告罄，中途拋錨；遺失了他準備買戒指的錢的那一個。

我最寵愛的孩子，是在鋼琴獨奏會中出醜、在拼字比賽中拼錯字、在橄欖球賽中跑錯方向，因爲粗心大意而腳踏車被竊的那一個。

我最寵愛的孩子，是因爲說謊被我處罰，因爲不體貼別人的感情被我禁足，以及被我罵為全家最令人頭痛的那個孩子。

我最寵愛的孩子，懊喪時砰然關上房門，以為我沒有看到他的得意表演而放聲大哭；或者說他沒有心情跟我講話的那一個。

我最寵愛的孩子總是需要剪髮，頭髮怎麼都梳不順；星期六晚上找不到約會對象；或是打破了我新買花瓶的那一個。

我最寵愛的孩子是自私、不成熟、脾氣壞、自我中心；他脆弱、寂寞、不能確定自己是在做什麼——可是越看越可愛。

所有的母親都有她們最寵愛的孩子，而且永遠是同樣的那一個。永遠是不管為了什麼理由、當時最需要你的那一個——牽著你不放、對著你大吼大叫、傷你的心、擁抱你、奉承你，又咬你一口，拿你當出氣筒——不過，多半只是為了要在你旁邊。

6 母親的復活節禮帽

一個母親的想像力，居然有如此大的魔力，能使孩子小小的手工製作，產生意想不到的魅力。

我母親是一個精明能幹的家庭主婦，每天的基本工作，就是爲一家九口人做飯、洗衣、採購。她爲我們制訂了嚴格的紀律，如果我們七個孩子中，有誰膽敢踏著重重的腳步去吃晚飯，那麼就會被罰上下樓梯十次；媽媽還安排我們幫助她處理日常的家庭雜務。

媽媽相信我們幾個孩子各有自己特殊的本領，這使我們每個人對自己特定的任務，都備感責任重大。比如，我大哥邁克有過人的視力，每次媽媽想要瞭解遠處發生什麼事情時，大哥就會起到像人造望遠鏡一樣的作用。如果哪只風箏被卡住了，二哥約翰的爬高技能總會一試身手。我呢，是我們家那輛老式汽車的嚮導。媽媽的身材不高，開車既要看清前面的路，又要注意車身兩側與道路邊緣的距離，這對她來說太困難了。因此，只要媽媽駕車，她就會讓我坐到後座上，不時地向她報告車子開過時，兩側留下的空隙。遇到轉彎，媽媽總是小心翼翼地，讓汽車緩駛過路牌標誌，就像水族館裏的鯨，慢慢游蕩在玻璃水池中一樣。

有能力把全家整理得有條不紊，只是媽媽的一個方面。她豐富的想像力，使她在各個方面都得心應手，並且能夠勝任日常生活中的各種事情。媽媽從不相信舞臺上表演的魔術，相反，水龍軟管給金屬桶充水的聲音，小樹林邊寂寞開放但執著旺盛的蒲公英，卻能讓她感到生命的意義和價值。

悠然記得，那時在廚房窗外，媽媽精心設計了一個小花箱，裏面種著羅勒、百里香、歐芹等許多花草。每到春天，一個用竹子做籬笆、多米諾骨牌做花間小徑的微型花園，就會燦然出現在媽媽手中——當然，其中自然有用扇貝盛上水當做的池塘、用高爾夫球座當做的鳥浴缸，……天氣轉暖的時候，園中的花草就會蔥蔥蘢蘢地長起來，活像一座美麗的森林。

媽媽第一次讓我感受到她的魔力，是在我六歲的時候。快到復活節了，那天，媽媽一直在集中精力收拾房間，根本沒注意到我戴著一頂自己製作的復活節紙帽回到家裏。那時，我腦子裏充滿了復活節的神秘傳說——白兔、藏紅花，翻來覆去想的就是復活節的遊行。

可是那頂紙帽卻十分平常，它不過是用一只紙盤做成的。爲了體現春天明快的旋律，我特意用紙剪出鮮花、白兔和太陽，把它們全都黏在紙盤的表面，可它仍然顯得那樣平淡無奇、毫無生氣。我絞盡腦汁，把一枝柔嫩的柳條盤扣在帽沿上，又用綠色的手工紙剪出一棵小樹，將蘇格蘭式的荷葉邊固定在帽上。這樣，只要戴帽子的人低下頭或彎下腰去繫鞋帶，那棵小樹就會快活地上躥下跳。

我不敢想像媽媽會對這件禮物做出什麼反應。我想，它也許只能和其他許多我帶回家的手工製作一樣，被束之高閣。我也知道，我的哥哥姐姐們都會朝我齜牙咧嘴，譏笑我愚蠢，然後裝模作樣地把它戴在頭上，責問天底下怎麼會有用紙盤做復活節禮帽的傻瓜。我是七個孩子中最小的一個，對這種事，我早就無動於衷了。

但我沒有想到的是，媽媽的反應卻異乎尋常。復活節那天，是個陽光燦爛的春日，路邊的鮮花怒放，格外引人矚目。媽媽戴著我做的那頂帽子去做禮拜。她做這一切時，沒有表現出哪怕是一絲困窘難堪，倒讓人覺得是在做一件莊重而時尚的事情。

走下汽車的時候，她用別針把帽子別在頭上，把鬆緊帽帶繫在頜下，然後穿過那些身著復活節盛裝的男男女女，從容地走向教堂。我知道我不該要求媽媽把這一切做到底，我想她不會就這樣走進教堂。

我至今仍記得，那時，我凝神地看著媽媽，她走得很輕，就像是飄進了教堂。

媽媽沒有看我一眼，到現在我才明白，當時她如果那樣做了，無疑會破壞那種氣氛和情緒。帽頂上的小樹枝在春天的輕風中搖搖曳曳，帽沿上的柳枝互相纏繞，從媽媽的右耳邊垂掛下來。在走進教堂的一霎時，我忽然感受到一種愛的情感，那樣博大和充實，使我無法把目光從媽媽身上移開。

她戴著帽子逕直走到教堂的座椅上，在禮拜開始之前，才小心翼翼地摘下來，把一副更為鄭重的面紗罩在頭上。然而在孩子的小小童心中，那頂紙做的帽子，比起所有坐在我們周圍的婦女所戴的帽子，都更為高貴、莊重。

我早已不記得禮拜儀式之後，媽媽把那頂帽子怎麼樣了。但我寧願相信，帽上垂下來的那一掛綠柳，就長在媽媽的小花園中，蓊蓊鬱鬱。

7 知子莫如母

所有的母親都相信自己的孩子不同凡響，我也不例外。每次學校召開家長會，我都熱心地去參加，想聽到珍妮和凱特林在班上名列前矛的喜訊；凡是有泰德參加的曲棍球比賽，我每場必到，相信他準能進球；珍妮和凱特林上完鋼琴課或溜冰課後，我總是盼望能聽到老師對他們的表揚。但是，結果往往令我失望。

當我的孩子還年幼時，我就認定他們有才氣。泰德兩歲時，就能認二十六個字母。然而他上小學一年級時，卻被分在「慢」組。我立刻去找他的老師。

女教師說：「別發愁，到時候他會跟上的。」

泰德上五年級時，學習跟上來了，但在班裏成績平平，並未超過其他同學。

當時，他決定參加學校的樂隊，爲了給他買一件合適的樂器，我們跑遍了全城。他最後選中了雙簧管。

售貨員提醒他：「雙簧管很難學，你爲什麼不試一試單簧管呢？」

泰德搖搖頭：「我要與眾不同。」

我爲他感到驕傲，這就是他勝過別人的地方。

泰德開始學吹雙簧管時情緒很高，可後來愈練愈少。我不斷地督促他，但最後他還是半途而廢。

我終於承認自己失敗了。有一天，我在雜貨店碰見一個鄰居，他的女兒是樂隊長笛手。我問她：「你的女兒練得怎麼樣？」我希望聽到她說她的女兒也失去了興趣。

「哦！我簡直聽膩了，她整天都在吹長笛。」於是，我不再指望泰德當上音樂家了。

我的第二個孩子珍妮是個文雅的女孩。我曾相信有朝一日她會成爲體育冠軍。可是有一天她從幼稚園回到家裏大哭時，我的希望破滅了。我問她：

「出了什麼事呀？寶貝！」
她抽噎著說：「老師說我短跑跑得不對。」
她那優美的體態哪裡去了？於是，在下個星期，珍妮和我一起練短跑，她總算領會了要領。可我卻再也不奢望她成爲奧運會選手了。
在過去的幾年裏，我常常鼓勵孩子們什麼都要試一試——體操、游泳、滑冰、音樂。雖然他們尚未顯出特殊的才能，但我相信我的孩子是特殊的人，我一向鼓勵他們盡力發揮所長。
作爲母親，就應該望子成龍，讓孩子知道你相信他們會出人頭地。孩子需要這種支援，因爲他們尚缺乏自信心。他們希望聽到人們的掌聲，尤其希望聽到母親的掌聲。母親的呼喚將鞭策他們前進。
我也常常回憶起我的母親，感到自己辜負了她的期望。每當我把四門課是甲、一門課是丙的成績單帶回家時，她揪住不放的總是那個丙，並質問我爲什麼才考了個丙。
我當時只是個孩子，感到憤憤不平，當我逐漸長大時，知道她是對的

——我沒有盡我所能。我也知道她從不指望我做一個佼佼者，只要求我盡力而爲。

在尙未發掘出母親所希望的那種潛力之前，母親就病故了。她對我抱有那樣大的信心，以致我自己也不得不猜想——它的確存在，因而設法去發現它——她對我寄予的厚望，萌發了我沉睡的自尊心。

現在輪到我的孩子認爲我對他們要求過高了。一天晚上，泰德在與我談論他的學習成績時說：「得到丙就夠了。」他又說，「誰說過我聰明？只有你一個人這樣想。」

「不錯，泰德，」我告訴他，「我的確這麼認爲，所以我知道你完全能夠做得更好。」

8 我是母親的蒲公英

每一種花都有它的出眾之處，如此才會給人們帶來不同的歡樂。在我生長的那個小鎮上，學校離家只有步行十分鐘的路。每天中午，母親們大多做好午飯，等孩子們放學回家。

那時，我並不認爲這是一種奢侈的享受，儘管現在看來確是如此。我想當然地認爲，母親應該給我做三明治、欣賞我的手工畫和督促我做作業。我從未想過母親這個曾有職業、有抱負的知識女性，在我出生之後，怎麼會把每天的時間都消磨在我的身上。

每當中午放學鈴聲一響，我便上氣不接下氣地衝回家，母親肯定站在家門口最上面的一級臺階上等著我，就好像我是她心中頭等重要的事。年幼無知的我，卻從沒有因擁有這份深厚的母愛而存有感激之情。

在上三年級的一天中午，我告訴母親，我被挑選在一部戲裏演公主。在以後的幾週裏，母親總是不辭辛苦地幫我排練、記臺詞。然而無論在家裏排練時，那些臺詞說得多麼流利，一旦上了舞臺，我就將臺詞忘得一乾二淨。

沒辦法，老師把我從劇組裏挑了出來，讓我擔任旁白的角色。儘管老師向我解釋時語氣溫和極了，但我依然感到陣陣心痛，特別是看到「公主」由另一個小女孩扮演時，我的心被深深地刺痛了。

中午回家後，我沒把這事告訴母親，但她看出了我的不安，沒像往常那樣提出幫我排練，母親讓我跟著她到屋後的園子裏去走走。

那是個宜人的春日，玫瑰花的葉子已綠了，葡萄架上爬滿了返青的藤條。大榆樹下，滿地綻放著一叢叢黃色的蒲公英，遠遠看去，就像一位美術大師在我們的視野上輕輕抹了層金黃色。

我看到母親彎下腰，隨手拔起一叢蒲公英，說：「我想把這些雜草都拔掉，只留下玫瑰。」

「我喜歡蒲公英！這園裏所有的花草都是美的，即使是這些普通的蒲公英。」我嚷道。

母親神情凝重地望著我，意味深長地說：「是啊，每一種花都有它的出眾之處，也正是如此，才給人們帶來不同的歡樂。」我點點頭，心裏正爲自己說服了母親感到高興。

接著又聽母親說：「對人來講也是這個道理，並不是每個人都能成爲『公主』，但這並沒什麼值得羞愧的。」

我想母親大概猜到了我心中的隱痛，於是，我向她哭訴了學校裏發生的一切，她安詳地笑著，仔細聽著我的述說。

「我想你會成爲一個出色的旁白者，你大概沒忘，以前你很喜歡給我朗讀故事，而且旁白者的角色和『公主』同樣重要。」

在母親的鼓勵下，我漸漸對扮演旁白者這個角色而感到自豪。中午放學後的大部分時間，都在我和母親反覆朗讀角色的臺詞，以及和母親談論演出時的裝束中度過了。

正式演出的那晚，我感到緊張極了。就在演出開始的前幾分鐘，老師走過來對我說：「你母親讓我把這個交給你。」說著遞給我一束蒲公英。儘管花已有點蔫了，有些已從花稈上飄落，然而看到這花，我明白母親就坐在臺下，我頓覺自信。

演出結束後，我把這束蒲公英帶回家。母親把它仔仔細細夾在一本辭典裏。

現在，每當夜深人靜時，在柔柔昏黃的燈光下，我時常回想起小時候，和母親一起度過的那些時光。儘管對整個人生來說，那是短暫的，然而，從那些日復一日、簡單重複的生活，以及生活中發生的那些看來似乎平常的小事中，我感到了深深的母愛，也悟出了愛──首先，主要體現在一些極微小的事情上。

我工作後，母親來看我，我請了一天假陪母親。中午時，像重溫往事一般，我特地陪母親吃午飯。餐館忙亂得很，坐在許多匆忙吃飯的人中間，我問已退休的母親：

「媽媽，我小時候你一直在家操持家務，肯定覺得厭煩了吧？」

「煩？是啊，家務是讓人厭煩，可你卻永不讓我厭煩！」母親緩緩答道。

對她的回答我並不十分相信，於是我進一步說：

「照顧孩子肯定不會像從事一項職業一樣，能給人鼓勵。」

「職業的確能激勵人，我很高興我曾經有過職業。職業就像一個吹起的氣球，你只有不停地打氣，才能使它一直膨脹。而一個孩子卻像一粒種子，你給它澆水，精心照看，它就會自己長成一朵漂亮的花。」

聽到這裏，小時候和母親坐在餐桌旁的情景，好像又浮現在我的眼前。我突然明白了，爲什麼我一直保留著夾在舊辭典的那朵已壓成薄片、變成深黃色的蒲公英。

卷四 給幸福留點空間

PART 4

如果一個孩子認為他不是家庭的一員，那麼很快他就會另尋歸宿。

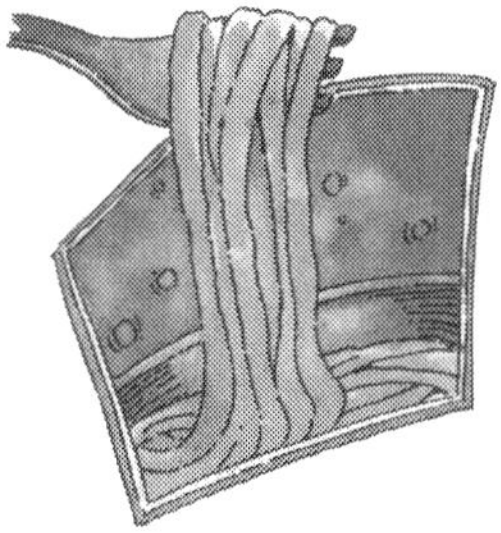

1 假如我的家庭重新開始

「我該怎樣做，才能有所不同？要是你的孩子又回到了童年，你將怎麼辦？」坐在我對面的一位父親，一字一句地說著。孩子們的墮落，給他帶來了極大的痛楚，他感到自己沒有當好一個父親。

他的問題一直在我腦海裏徘徊。我在思索：假如我的家庭重新開始，我該如何去做呢？

要更愛我的妻子。親密生活在一起的一家人，他們的感情是很眞實的，如果讓虛假滲透進來，就會破壞深厚的愛。因此，我要更愛孩子們的母親，而且要公開地讓孩子們看到這種愛情。我要很眞實地讓他們看到那些細微的關心：在飯桌邊爲她擺好椅子、逢年過節向她贈送禮物、出門時給她寫信……

如果一個孩子瞭解他的父母是相親相愛的話，就無需更多地向他解釋什麼是友愛和美善。爸爸媽媽的眞實情感，流入孩子的心田，從而培養他能夠在將來的各種關係中，發現眞摯的感情。當媽媽和爸爸手拉著手散步時，孩子也會和他們拉著手，但如果他們各行其道，孩子便很自然地跑到了一邊。多情了嗎？呵！我們正需要更多一些。現在人們往往是結婚前太多情，而婚後卻太少了。

要培養孩子們感到自己是家庭的一員。如果一個孩子不感到他是家庭的一員，他很快就會到別處去尋找歸宿。

很多家庭雖然住在一起，卻遙隔天際。孩子們只是在吃晚餐時才能看到父親，有的孩子幾天才能見到父親一次。還有些孩子，一週內和父親待在一起的時間只有幾分鐘。

我要用更多的吃飯時間和他們談論一天的新聞，而不是來去匆匆；我要花費些時間，來組織那種大家都能參加的遊戲和活動；要讓孩子們參與家庭的義務和工作。

當一個孩子感到自己是家庭的一員時，他就能勇敢地對付各種困難和意外的事情。要更多地和孩子們取樂，人們都說對待孩子最好的方法，是讓他們愉快。現在我感到過去我是嚴肅有餘的，當孩子們喜於歡笑時，我卻是使他們感到當父母的總有無窮盡的煩惱。

我還記得那些有趣的兒戲，從學校聽來的笑話，還有捉弄我的把戲和我答不上來的問題。這些愉快的相處，加深了我們的感情，敞開了共同解決問題的大門，使我們緊緊相連在一起。

要當一個好聽眾。很多人認爲小孩子講的話都是無稽之談，然而我認爲如果現在能聽取孩子所關心的事，將來當他到十幾歲後，也能分擔父母所操心的事——這兩點是密切相關的。

如果我的孩子又重返童年，他要是再來打擾我讀報的話，我一定要耐心些。有個故事說，一個小男孩三番五次地要他爸爸看看他手指上的傷口；最後，他爸爸放下手裏的書，不耐煩地說：「哎呀，你弄得我什麼都做不成！」小男孩說：「哦，爸爸！其實你只要答應一聲就行了。」

有一次，我看見一個爸爸不搭理在一旁叫喚他的兒子。他說：「這只不過是個小傢伙在嚷嚷罷了。」我想用不了多久，當這個爸爸叫喚兒子時，兒子也會說：「這只不過是個老傢伙在嚷嚷罷了。」

要更多地鼓勵他們。當孩子辦好一件事，就給予真摯的表揚，比其他任何方式，都更能激勵他熱愛生活和獲取成就。求全責備會損害孩子的自尊心，而鼓勵能樹立孩子的自信心，並能使他們變得成熟起來。人類本性的深處是對被理解的渴求，一旦能被親人們所理解，也就得到了愛。

所以，如果能重新開始家庭的話，我一定要每天表揚我的孩子。不僅要看到他的現在，還要看到他的將來。

給孩子以慈愛。如果世界上還承認慈愛的話，做父母的應是最好的傳播者。我要在自然的環境和自發的事件中，來培養孩子和我共籌命運，而不是討論那些枯燥的教育條文，和強行那些僵死的家規。我要經常注意那些孩子們想到的和關心的事情，採用這種自然的方式來學習真理。

有一次，有人問一個校長：「你們的課程裏教授信仰嗎？」他回答說：「我們每天都在教授信仰。在數學中信仰準確、語文中信仰如實表達、地理中信仰記憶、氣象學中信仰觀察。我們在操場上進行健康的遊戲，我們教授愛護動物，互相尊重，老老實實。」

有一次，雷電使一個孩子感到害怕，他在黑暗中叫喊：「爸爸，快來，我害怕。」爸爸說：「孩子，上帝愛你，他會保護你。」孩子回答說：「我知道上帝愛我，可現在我要的是一個摸得著的上帝。」

如果能重新開始我的家庭的話，最重要的是記住：慈愛是要摸得著的。

2 家人間相互交流的遊戲

醫生發現我的聲帶上生了小結節。

「你必須完全噤聲，」他警告我說，「你至少需要十天不說話，這是完全必要的。噤聲一個月，那就更好。」

「這辦不到，」我想，「這個家不能沒有我的聲音，離開我的誘導、督促，就不能過一天。」

然而，鑑於我的病況，我不得不嚴格遵照醫囑。於是，我只得準備一個筆記本，用筆來回答丈夫的詢問。不到一週，我對家事的管理和安排，就只剩下點頭和搖頭了。而全家似乎失去了某種凝聚力，失去了往日的生氣。可是醫生對我說還得噤聲一週。

「我不想嚇唬你，」醫生說，「你的聲帶結節還可能再生出來。」

當我離開醫院時，腦中的一個想法幾乎把我壓倒：「假如我永遠再也不能說話了，那可怎麼辦呢？」我忽然感到，我從來沒有和丹好好地說過心裏話，也沒有好好地聽過他說說他的苦悶和希望。而且，我對我的兒子眞正瞭解嗎？現在，我比過去任何時候更想瞭解他們，可現在已晚了……

一天晚上，我做了一大堆卡片放在廚房桌子上，在每張卡片上寫上一個問題。這些問題有些是嚴肅的，如：「你認爲什麼是愛？」有些則是輕鬆的，如：「你在空餘時間喜歡幹什麼？」坦率地回答這些問題，就可以展示一個人的心理概貌。不久，我就寫好了近二百張問題卡片堆在桌上。突然，在我腦中產生了一個主意：用這些卡片像玩紙牌一樣玩桌面遊戲。

這個遊戲很簡單。每個參加者用擲骰子的方法，來確定卡片號碼。然後回答卡片上寫的問題，或者是卡片上所寫允許的對某人的評論。這個遊戲沒有輸贏，所有的是情感的分享和交流，但是遊戲中不能交談。

第二天晚上，我與丹和兩個兒子玩這個「不是遊戲的遊戲」，當輪到我時，我就把答案寫在紙上給他們看。在我寫的時候，他們都靜靜地等著我，這使我感到滿足，因爲我感到我又屬於他們了！

丹抽到一張卡片，上面寫道：「讓我們分享你的擔憂。」他沉默一會兒，接著慢慢地說出了這麼一段話：「我擔心如果你們媽媽的病不好，我眞不知我一人能否把你們培養大。」

聽到丹的這席話，使我驚奇，我的丈夫清楚地知道，使他害怕和失去自信的東西，這使我感到像吃了蜜一樣的香甜。

大林是一個聰明伶俐的中學生，他抽到一張卡片，是讓他談談有關成功的看法。「我恨它，」他溫和地說，「人人都要我做得出色，我總是感到壓力與緊張。」

接下來輪到迪安了。他抽到的卡片問他：「當有人笑你時，你的感覺怎樣？」

「我眞想去死，」他低著頭，看著地板，輕聲說道，「它使我感到愚蠢。」

這一晚，我們就這樣，一家人圍坐桌邊，交流著各人的心聲，共用著似乎已有些陌生的甜蜜情感。「在這二十分鐘裡，我比過去五年更多地瞭解了你們，」丹宣佈道，「讓我們明天再來『玩』。」

通過這所謂的「不是遊戲的遊戲」，我獲得了新的尊重，並且瞭解了過去不知道的、丹在工作上的一些問題和苦悶。我發覺自己對孩子更關心了、更理解了、更親近了，我甚至又開始擁抱他們。他們之間也很少發生口角和爭執，丹的話也更多了。我們又開始星期天駕車出遊，更多地在一起活動。

當我後來再次來到沙達拉醫生那裡，出乎意料，他宣佈我的聲帶已治好，這對我簡直是一份特殊的禮物。但是，我清楚自己再也不能重複過去的說話習慣了。在過去的幾個月中，我發現了獲得人間眞正交流的五個奧秘：

聽——只是聽。

在我被迫噤聲後，一天，迪安放學回家，進門就嚷著：「我恨老師！再也不到學校去了！」

聽到孩子這麼說，在我聲帶沒病時，我就要嚴厲地回敬他了。但是，那天我沒那樣做，我要看看下一步會發生什麼？

那憤怒的孩子蜷伏在我身邊，把頭擱在我的膝蓋上傷心地哭了，他說：

「媽媽，今天老師叫我們寫一篇作文，我拼錯了一個字，老師指出了這個錯字，引起哄堂大笑，我窘極了！」

我用手摟著他，他沉默了幾分鐘，接著他掙脫了我，平靜地說：「我要去公園見傑米了，謝謝媽媽！」

我的沉默換來了迪安的信任和理解，使他能向我吐露他的內心痛苦，實際上，他不需要我的教訓與忠告，他受到了傷害，他需要有人聽他訴說內心的痛苦。

不要草率評論和判斷。

一天下午，我與簡凱一起在她的廚房閒坐，她的十六歲女兒像陣風一樣進來，張口就說：「哦，媽媽，你對流產怎麼看呢？」

簡凱聽了女兒這個話，臉露慍色嚷道：「我再不願聽到你說這類事了！」

簡凱的女兒爲什麼突然問她這個問題？簡凱也許永遠不會知道了。不僅如此，此後，她女兒也許再也不會和她討論嚴肅的問題了，更不能與她談及有爭論的問題了。

此事之後不久，一個叫曼麗莎的中學女生，和她媽媽玩我發明的遊戲，當曼麗莎被要求說說她生活中不愉快的事時，她談了因她的一位女友流產而感到十分難過。

像簡凱一樣，她媽媽也感到震驚。但根據遊戲的規則，做媽媽的此時不能說什麼，只是簡單地說了一句：「在學校裏不該發生此類事情。」

在遊戲結束後，母女間進行了一場親切深入的交談。這是曼麗莎有生以來，第一次向母親吐露內心中存在的恐懼。曼麗莎母親對我說：「我眞沒想到我們會進行這樣一次交談。」

要將理智寓於感情之中去交談。

幾年前，我在一個公園閒坐，正值附近街區的一場橄欖球賽散場。我聽見一個十幾歲的男孩，興致勃勃地對他父親說：「爸爸，你看見我在底線得分的那個球了嗎？」他爸爸冷冷地說：「你怎麼會在重要關頭丟失一個球呢？你以後應該多練習接球和攔截！」此時，我注意到那個與父親邊走邊說的孩子，一下落到父親後面去了。如同當頭一盆冷水，孩子興致勃勃的熱情，頓時煙消雲散。

在這兒，做爸爸的動機是無可指責的，但他的這個反應，不僅貶抑了孩子的長處和才華，而且損害了孩子的心理，長此以往，孩子會感到在爸爸那裡很難獲得鼓勵與幫助，而將心靈之窗關閉，最終使你遠離他的思想與事業之外。

對人的判斷不要想當然。

一次，道格和妻子曼莉玩遊戲，曼莉抽了一張卡片，上面要她回答：「你是否感到孤獨？」曼莉平靜地答道：「我每天晚上感到孤獨。」道格聽後感到慚愧。

遊戲結束後，道格才問曼莉：「你爲什麼這樣說呢？」曼莉輕聲回答道：「每天晚上我們睡覺時，你總是背對著我。」

道格聽後，驚異得目瞪口呆。此時，這位粗心的丈夫滿臉愧色地向愛妻解釋：「在中學踢球時，我撞斷了肋骨，至今沒有完全好。我轉過身去，是為了轉向沒受傷的一邊。」

兩星期後，我在超級市場遇到他倆。曼莉告訴我說：「我們的問題解決了，我倆調了一下睡位。」

表達你的愛。

在交流中，無聲的行動有時與話語一樣重要，起到交流的作用。一天晚上，我與卡曼、她丈夫和兩個孩子玩遊戲，卡曼四十三歲，富裕而有魅力，我想她是一個要什麼就能得到什麼的人。卡曼抽了一張卡片，要求她談一件受到傷害的經歷。「當我六歲時，」她開始第一次向她的家人吐露自己的內心，「我的母親說我長得難看，沒人愛吻我。我痛苦極了，以致每天早晨到盥洗室找她用過的唇膏紙，把它整天帶在身邊，什麼時候想吻，就拿出唇膏紙往臉上擦。」

卡曼的生活，看來不像我想像的那麼完美無缺。將近四十年來，她一直忍受著這個小小的內心痛苦。我想，誰能治癒她的這個小小的內心創傷呢？

輪過幾圈之後，卡曼八歲的兒子抽到要他評論他人的卡片，只見他平靜地站起來，走到他媽媽身邊，沒說一句話，他伸出他那瘦弱的手臂，抱住媽媽的脖子去吻她的臉。此時，卡曼的眼裏充滿了眼淚，她那陳舊的傷痛消失了——也許就此治好了。

無聲的話語勝過有聲的話語，這是人間交流的又一奧秘。你能理解這無聲的交流嗎？你能學會使用它嗎？試一試吧！

3 家庭的趣事

一

洗澡間應該改名叫兒童遊樂室了，那兒成了他們的公用水池。他們兩歲時就發現了這個好去處，除了外出度假和課堂上打盹兒之外，簡直就從未離開過那裏，直至他們長大成人，有了自己的住處。

他們到底在裏頭幹些什麼？把一個個電燈泡漂在浴缸裏，用水槍射擊，把死了的癩蛤蟆包裹在一面旗子裏，替它進行「海」葬，這些都是他們的把戲。他們還把馬桶蓋子裝飾得像只大蛋糕，用爸爸的刮鬍膏在上面拼出字來。

我若是敲敲門衝裏面嚷嚷：「你們在幹什麼呢？」他們總是無一例外的回答：「沒什麼！」

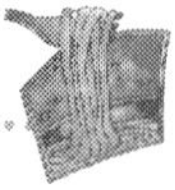

要是一個孩子說「沒幹什麼」，那當父母的八成就該撥一一九叫員警了。當他們在浴室裏「沒幹什麼」的時候，小狗在汪汪叫，水從門底下流出來，他們的哥哥姐姐開始替他們說情，而且甚至會有燒糊東西的味道，和萬馬奔騰的聲音從裏面傳出來。

現在回頭想想，我意識到那時候和孩子們的交流，多半是隔著浴室門進行的。往往是深夜了，我敲著門問：「你在家嗎？」

「那你以爲是誰呀？」

「現在已經幾點啦？」

「你說是幾點啦，媽？」

「你吃了飯嗎？」

「我能總不吃飯嗎？」

「你想讓我明天晚點叫你起床吧？」

「你是在開玩笑嗎？」

「我要去睡了！我們能這樣談話還眞不錯呢。很多像你這樣大的孩子，根本就沒法和父母談話！」

二

我們的孩子們很少回家來，除非他們需要鑽進壁櫥，翻找他們舊日的運動獎章、學校的畢業照和綬帶、灰撲撲的照相機，和皺巴巴的折了角的舊信。作爲家長，我們總是確信永遠不會因爲兒女有了新家而失去他們，因爲我們還保留有那壁櫥。孩子們小的時候，我和丈夫有時打開他們的壁櫥，笑笑：「想想吧，親愛的，也許有一天這地方又是我們的了。」

後來這希望到底沒有實現。他們的住處太小了。還是得把他們的寶貝都收藏在家裏，而且隔段時間就回來瞧瞧。

「你在翻什麼呢？」有一次我問，小心翼翼地邁過丟了滿地的箱箱匣匣和斷了弦的舊網球拍。

「我的天，你沒扔掉我的舊棒球證吧，媽？那玩意現在值一筆錢呢！」

「哦，她已經把我的一盒貴重畫片都給扔了！」弟弟接腔道。

「你怎麼知道它貴重？」我問。

「媽！它們上了收藏家的名單！」

三

手足間的競爭心理，是心理分析家阿爾弗萊德・阿德勒在上個二〇年代初揭示並論述的。從那時候起，家長們就記住了這樣的字句：「他們彼此作對」，以及「看在上帝的份上，不要對此視而不見」。阿德勒說這是一個「階段」，孩子們在這個階段拚命競爭，以爭取更多的注意。

「媽，叫她停住。」一個聲音平靜地說。

「周圍靜悄悄的，叫她停住什麼？」

「嗡嗡叫。」

「我沒聽見什麼呀。」

「你永遠也不會聽見的。她只是用一種除了我、誰也聽不見的聲音在嗡嗡叫。」

我靠過去，把耳朵貼在她臉旁，還是沒聽見什麼。

「看看她的脖子吧！」她哥哥發號施令，「你能看見她的脖子在振動！」

我仔細看了看，好像只是血脈在跳動。於是我命令她停住。

「她停住了嗎？」我問兒子。

他得意地笑了。

四

很多家庭在外出度假時，都有不少遊戲可玩。我的孩子們的把戲尤爲古怪。當載著全家的汽車穿過風景區的高速公路，經過起伏的稻田和景色奇幻的群山時，他們卻老是在喋喋不休地爭論。

他們爭論在汽車以每小時七十五公里速度前進時，能否將它一下子以每小時一百公里的速度倒退而不熄火；他們爭論印刷鈔票的工人，能否成功地在下班時，把一張一百美元的鈔票塞在嘴裏，並且繃住不笑而通過檢驗門；他們爭論在月亮上能否玩甩鈴，以及為什麼牛痘疤上長不出汗毛來。

沒有一個假日裏不發生「踢司機座位」的把戲。兒子坐在爸爸的駕駛座位後面，以每分鐘二百下的頻率，蹬前面座位的靠背，而且要持續四百公里的里程。

女兒茜絲也挺淘氣的。當我們駛上高速公路時，她就會靠近正在以難得的輕鬆心情微笑的爸爸，低聲問他：「我們走時，花園的澆水皮管還在淌水呢，你不在乎吧？」於是她可憐的爸爸，在整個旅程中便再沒情緒微笑了。有時，她也會扭頭問哥哥：「你告訴媽媽你把貓藏在你的床下了嗎？」

當你想到茜絲也許會告訴點什麼好消息時，她卻說：「我本不想提的。

爸爸在走前把鑰匙藏在前門庭花盆底下的時候，我瞧見一個陌生人正在街對面的車裏盯著他看。」

五

很多年來，人類學家們就在試圖找出——把一個家庭以一生的信託聯繫在一起的紐帶。是什麼力量把我們圈在一起？是不是因爲我們無論如何都會相愛，儘管有的時候彼此對抗或忽視？因爲即便我們撒謊、漠視或者把什麼都弄糟，仍能夠彼此原諒？因爲一個家庭的永遠存在，是這個家庭之外的人所無能爲力的！維持一個家是件辛苦事，有許許多多毫無趣味的瑣事要做，而且一直要這樣下去。現在回想起來，不管我的生活中有多少其他成就存在，不管我寫的書在圖書館的索引上列了多麼長的一列，我仍認爲另一件成就是我此生最最重要的：三十年來，我一直是一個家庭的女主人，把其他人聯繫在一起，耐心等待四處亂竄的小東西們長大，修修這裡，補補那裡，並且用一種稱做愛和忠誠的藥水，使他們迷醉。

爲什麼我們永遠在考驗著彼此的耐心、忠誠和愛？這難道不是一個家庭賴以存在的基礎嗎？

4 幸福日記

一九八六年三月十二日，我在工作方面遭受了一次大挫折。不必談它了，我不想對挫折反覆回味。我花了一個小時爲自己惋惜，我的一切努力統統落了空，只剩下惋惜了。然後，我從辦公室牆上取下一個特殊的日曆，讀著日曆上標明的幸福，一股自豪感油然升起。

我把這個日曆稱爲「我的幸福日曆」。一九八二年在一次工作挫折後，爲了從失敗中振作起來，我創造了這個日曆。首先買了一本每天日期旁有大空格的日曆，然後，我在空格裏塡上什麼時候、什麼地方、我和誰一起感到非常幸福。數年之後，我會收集到三六五個幸福的日子。

剛開始，這工作很簡單。在我的幸福日曆剛開頭的地方，我寫下這樣一句話：「我只算幸福的日子。」這是我在兒時看見的一句銘文。這樣，我把所有日記查遍，又研究了從父親那裡弄到的一堆日曆。父親在我九歲時參軍離家，走時，把他用不著的一九四四年的日記留給了我。在我的日記上，一九四五年二月十五日這天後邊寫著：緊緊擁抱的日子。

從這一大堆紙堆中，我收集到自己生命中許多幸福的日子，從兒童時代到一九八二年。我把它們列表抄好。然後，我制訂了一個簡單的三步驟計畫來繼續收集幸福的日子。首先，每個月末，我挑出這個月三至四天最幸福的日子後，把它們寫在那個月開頭的地方。舉個例子，一九八二年一月的開頭是這樣寫的：「邁克和亨利慶祝假期來臨」和「海德和我一起慶祝維吉爾的生日」。邁克和湯瑪斯·亨利是我們的兒子。他們一月一日和二日抱著吉他自彈自唱，自我陶醉。海德是我的妻子。我們一月十一日為我們的朋友維吉爾·巴內特歡度生日，開了一個小慶祝會。

在新年的第一天著手進行第二步。把每個月首記下的那三、四天分類，再把這些日期登入「幸福日曆」，這個比每年例行的新年宣誓有意義得多。

可你這是在幹什麼？他們總是問我，「把幸福的日子記進去就完了嗎？」沒有完，有第三步呢：我把新的幸福日都記在日曆的後面。記滿了這個幸福年後，我再開始第二年，當然，一個人不會有好幾年幸福的日子。

下面是我記下的一些幸福日子，這些幸福，完全可以組成一個幸福年。當災難接踵而至時，它能使你保持奮鬥的勇氣。你當然知道，生活中，災難是不可避免的。

一月：一九六六年的一月三十日最幸福。日曆上寫道：「和兒子們一起滑雪橇。邁克，四歲；亨利，三歲。」那一天，我讓兩個孩子從背後摟緊我，然後從亨利・哈德遜銅像那裏沿著雪坡一直溜到大柵欄。

二月：我的生日是二月七日，很榮幸地與查理・狄更斯同日。一九七一年二月六日，我和妻子舉辦了一次聚會，這次聚會被朋友們稱為「一次慶祝查理・狄更斯誕生的化裝聚會」。我化裝成匹克威克先生，我們的朋友莫里・布魯斯勞化裝成索威伯裏──《奧列佛・退斯特》中的殯葬承辦人。那是一個十分美妙的夜晚。也就是在那一天，我明白了一條眞理：擁有好朋友便是一種幸福。

三月：一九八五年三月二七日，我看見灰鯨群游離加利福尼亞海岸。我的心狂跳不已。我至今不明白景象怎麼會創造出我一生中最幸福的日子之一。可它確實創造了幸福，完整的幸福。

四月：一九五九年四月八日，是至今爲止我最幸福的工作日之一。我作爲記者，參加了洛克菲勒學院授予卡爾·桑德伯格名譽學位的儀式。在參觀本地的一個博物館時，桑德伯格盛讚了一些木刻，這些木刻的作者，是洛克福德地區的一位退休農場主人艾克塞爾·法爾普。

儘管按計畫，老桑德伯格應休息一下，然後馬上參加儀式，但他堅決放棄了休息，前去拜訪這位退休農場主人，告訴他，他的木刻非常出色。在那一天我明白了，擠出時間向別人表示感謝是一件非常有價值的事。我的報導上了頭版，我還因此而贏得一項寫作新人大獎。

五月：一九五九年五月七日，我去爲一個學院關於安提戈涅的論文寫評論。這篇論文是個來自伊拉克巴格達的女學生寫的，她的名字叫海德·娜莎姆。我對她的評論相當好，這次評論成爲我娶她爲妻的思想基礎。光輝的一天。

六月：一九五六年六月二日，我從學院畢業，光彩的一天，而且，這一天還是我母親的生日。二十九個六月過去了，像所有的月份一樣，它們有幸福和不幸福的日子。一九八五年六月六日是最幸福的一天，海德和我邀請了母親，和我們一起去參加亨利從哈佛大學畢業的典禮。

七月：一九八〇年七月四日，我從加利福尼亞飛往紐約。整個航程碧空萬里，五個小時的飛行時間，我一直把鼻子貼在舷窗上，這樣度過了那個美國獨立日。

八月：一九八四年八月十五日，我和海德乘飛機到了倫敦。我們去看了滑鐵盧大橋，接著吃了一頓早餐：牛排和雞蛋。然後，我們走進預定的旅館房間，像孩子一樣入睡了。

九月：一九八五年九月二十七日，颱風剛剛過去，我和妻子向哈德遜河漫步而去。一切都變得灰白，然後藍天漸漸露出臉來，河邊還有一個人，他興高采烈地衝我們喊道：「這是我最喜歡的天氣！我愛颱風過後的大地！」

他使我記起了一件事，有一次我去理髮，理髮師吉米・英格哈德告訴我，就在一個這樣的日子，他看見我的奶奶爲一個產婦接生後，正走在回家的路上，這時，我的爺爺衝我奶奶大聲喊道：「這是我最喜歡的天氣！我愛颱風過後的大地！」

眞想知道那天是幾號。如果知道，我將把這個日子記入我的幸福日曆——爲了支持爺爺。

十月：一九六五年十月十六日，我和海德帶著幼兒去散步。忽然，她喊道：「你們聽！樹葉的沙沙聲。」我把她的這句話記到一個信封上。十七年之後，我又從故紙堆裏發現了這個信封，於是，我把十六日命名爲「優雅的落葉日」。

十一月：一九八四年十一月四日，我聽見我家小樓對面一棵樹上，一隻模仿鳥還在高唱。這種模仿鳥是美洲特產，善於模仿其他鳥獸的聲音。我聆聽著，牠接著唱了七首不同的歌曲，然後又從頭開始。我衝上樓去取我的錄音機，可等我出得門來，模仿鳥已經飛走了。我又學到了非常重要的一課：聆聽鳥兒歌唱，千萬不要錯過機會。

十二月：像所有的人一樣，我的假日總是愉快的。可我不能說所有的假日都是幸福的。不過，一九八五年十二月二十四日的耶誕節眞令我難忘。我們那天晚上玩字謎遊戲——我的外甥女耶斯門・拉薩姆十年來頭一次參加——我們玩的是電影片名。

我的內弟喬・基丁亮出了他的秘密武器：一九四六年拍攝的平庸影片，根本沒在電視上放映過，所以看上去喬是勝券在握了。

這時，耶斯門尖叫道：「《迪克・特蕾西遇見克魯巴》！」我們大吃一驚。她怎麼會知道這部片子！喬上次使用他的這個秘密武器，是在一九七五年，當時大家誰也猜不著，結果喬的一方大獲全勝。那時耶斯門頭一次參加我們猜字謎。那年她才九歲。

答案很快找到了。九歲的耶斯門當年也和我們在一方，十年來，她一直念念不忘喬最後獲勝的洋洋得意的神態。她發誓要打敗喬。所以，在這十年中一直記著這部片名。這一回，是我們大獲全勝。

有了幸福日曆，一個人可以更有勇氣去面對嚴酷的日子。是的，今年今月的今日，也許所有倒楣的事都壓到了我的頭上，但是，災難無法壓倒我，因爲在這之前，這個月的這一天，我曾經非常幸福。而且，我們可以堅信，將來某一年，這個月的這一天還會更加幸福。

5 和衷共濟一家親

爲什麼有的家庭能夠順利應付種種問題，有的家庭面對難關卻人各一心、支離破碎？爲什麼有的父母和子女相處得很好，有的卻不能相處？據研究人員說，一個家庭的力量和幸福，取決於家庭成員之間感情密切的程度。

你能令你的家人感情更密切融洽嗎？這裏有十項建議可以借鑑：

撥出時間大家共聚

我有一次問兒子，他記憶中最美好的生活片段是什麼？他毫不遲疑地說：「是那個晚上，我參加完童子軍聚會，你來接我回家。在路上，你停下汽車幫我捉螢火蟲。」那件事我已經不大記得了，卻是他最美好的回憶。他當時知道我很繁忙，滿以爲我不會停車的。我那晚做的事等於在說：「我疼愛你！」

最近我去看一位有四個子女在上學的朋友。他們的廚房中貼著一幅大日曆，每個星期天晚上，他們都要在上面記上下星期每人要辦的事——上班、開會、上學，以及參加體育運動。他們記完後，如果發現其中有一段時間全家人都有空，就在日曆上畫個大交叉，表示那是留給家人的時間。在日曆上標記出來，使它成了神聖不可侵犯的時刻。

——互相認識

「我們是一家人——難道還彼此不認識嗎？」也許真不認識！很多心理學家說，我們並不知道自己所愛以及一起生活的人真正重視的事。做父母的往往只注意現實生活中的家庭瑣事，沒有去探討自己以及子女的思想和感情。

家庭成員可能知道彼此有什麼特別討厭的事物和特別喜歡吃的東西，但在感情上卻很陌生。你曾有幾次和家人坐下談你們的希望、壯志、恐懼和目標呢？那樣的討論，能幫助一家人彼此互相瞭解、親近。獲得這種瞭解的惟一方法是互相詢問：什麼最使你感到自己受人疼惜？你最美好的回憶是什麼？最壞的又是什麼？你長大後想做什麼？或者，你小時候想做什麼？你擔心什麼？你相信什麼？為什麼？

這類的談話，要在有充裕時間對問題深入探索時進行，而且進行時須沒有外人在場。不要期望立即獲得回答。你可以先提出你自己的一個問題，然後問家人的反應如何。要仔細聽他們說話，不要下評語或嘲笑。

——彼此分憂

有的父母遇到像疾病、經濟拮据以及死亡等不幸的現實，會瞞住子女。可是心理治療專家指出，如果子女已到了懂事年齡而沒人告訴他家裏憂慮的事，他們往往感覺被人拋棄。

一位喪偶的父親告訴我說，他很懊悔當初沒有告訴兒子他母親患了血癌即將去世。「我和亡妻一直把眞情慭在肚子裏，以為自己這樣做是在避免讓兒子傷心，」他回憶道，「那是個大錯。我自己有時間做好心理準備，可是妻子的去世，使我們的兒子大為震驚，有好幾年他都不再信任我。」

讓孩子在愛和關心的氣氛中，體驗死亡的現實，是很重要的一件事。一個孩子，如果有兄弟姐妹或者父母及祖父母病重，你讓他知道，讓他去跑腿辦事或是接接電話，可以使他覺得自己能夠幫忙出力。即使一個小孩子，如能短暫而愉快地去探望生病的親人，也能使病人得到安慰。

在金錢事務方面，如有財務困難而不將實情告訴子女的話，他們會朝壞的方面去想，可能會想到沒有飯吃或沒有地方住，然而，實際上可能只是要放棄一些奢侈品而已。

——全家一起用晚餐

連最忙碌的家庭，每個星期也至少可以安排一兩個晚上，大家一起輕鬆地用餐。吃飯的時候，往往是家人可以進行有趣談話的惟一時刻。一家人吃飯時是爭論還是談話，是稱讚還是訓斥，是個很好的測量計，可以看出那個家庭是在逐漸疏遠分離，抑或是在越來越親近。

另一個增進家庭融洽的方法，是不時鼓勵孩子請朋友來吃飯，讓每個孩子輪流選邀客人。這樣可以幫助父母認識子女的朋友，也使子女感到自己在家裏受尊重。

——設計一個有挑戰性的家庭合作計畫

假使你能選出一件大家都感興趣的工作而一直去做，會令人興奮。不妨試行種植盆栽，或把那一大箱舊相片整理成爲家庭照相簿，再或是學會怎樣烤製麵包。

有位父親記得和兒子共同製成一張餐桌時所共用的那份得意心情。他說：「六個月前，我們拿著草圖和木板動手開工。完工後我們互相對望，嚷道：『哇！我們做好了！』」

建立家庭傳統儀式

幾年前，我到朋友家去給他祝壽。我們一共十個人圍著餐桌坐著，其中有我朋友的三個十來歲孩子。在我們等生日蛋糕出現時，一個孩子站起來說：「各位，開車的時候到了！」那一家人都哈哈大笑地站起來，我也跟著他們列隊，在他們那幢大房子裏走了一圈。後來朋友解釋說：「這是我家的一個慣例。孩子們小時，吃飯時老坐不住。一天晚上妻子想了這個辦法，讓他們在主菜和甜品之間在房子裏走一圈，發洩一下。孩子們長大後，我們在特別場合仍這樣做。我想這使我們都感到更親密。」

這樣的儀式有種種方式，從講家裏的笑話到春季第一天去遠足，都可以作爲例行儀式。

——一起遊戲

連小孩也會玩跳棋和簡單的撲克牌遊戲。遊戲或者運動本身固然對身心有益，但更重要的是，它使全家有機會一起開心地玩幾小時。

一位有三個子女的母親說：「孩子們小的時候，我們週末常去野外露營。在下雨天，我們就待在帶小帳篷的拖車上，找出那副商品期貨紙牌遊戲來，假裝自己是穀類期貨交易所的經紀人。我們會大聲呼喝，弄得公園管理員誤以爲我們在打架。」

——在孩子臨睡時講故事

要上床睡覺時，小孩有時會感到不安，如果有家長在一旁，或者使他們聽到父母的聲音，可以令他們放心。

不過，如果講童話故事能令父母和孩子們接近，那麼把家庭往事娓娓道來，則能令他們更親近。兒童愛聽他們認識的人的故事——媽媽怎麼認識爸爸的，或者爺爺怎樣白手起家的。這類故事能給兒童一種歸屬感。

子女長大一些時，父母可以開始在臨睡時和他們閒談，以代替講故事，使他們有機會在親密體貼的氣氛下，和父母談心。

互相講述彼此的工作與學校生活

父母都出外工作的子女，會覺得和父母有隔閡，感覺到父母背著他們在做神秘的事情。可能的話，不妨帶子女到你工作的地方去，使他們有個印象，知道你不在家時，人在何處、做些什麼。和孩子談談你事業的目標、失意和成功的事蹟，這樣你便可以和他們分享你生活中的一個重要部分。同時，你也在幫助他們形成對工作的價值觀和他們的抱負。

同樣地，父母表示對子女的學校生活關心，也會使家庭更融洽一致。

別讓距離把你們隔開

子女離家去上大學，或者家長出門旅行，再或者祖父母搬走時，有許多方法可以維持感情聯繫：

經常通信。包括互寄照片、漫畫以及從報刊上剪下的文章。人人都喜歡收信。

寄錄音帶。聲音比信更親密。有的父母會錄下孩子生日晚會或家庭喜慶聚會情況，將錄音帶寄給遠方的親戚。

編寫一張家庭記事報分發各人，或傳閱家庭通訊，規定每人都要加一點自己的消息上去，然後將通訊寄給下一個收信的家庭成員。

在這個忙亂的世界中，要家裏每個人互相爲大家騰出一點時間絕不容易。選擇要由你自己做。你問問自己：「我把家庭親熱融洽看得有多重？」假如將它列爲重要的話，那麼，怎樣培育滋潤並加強這些家庭關係，就要由你自己努力了。

6 天倫之樂

——母子的夢想

我母親和我都是耽於夢想的人。我們常常坐在海灘上，把腳趾插進沉重而潮濕的沙裏，看又大又慢、有綠有白的碎浪滾滾而來，腦子裏盡在遐想。當時我十歲，母親三十四歲。我想的是海邊有幢房子，母親想的是鑽石耳環。

母親，身材矮小，胖胖的；容貌端莊秀美、鼻樑筆直、鼻尖微翹；頭髮古銅色，光可鑒人。我黑髮細眼，比弟弟約翰還矮。我們常常坐下來夢想，一面看約翰和小妹妹阿黛在海灘上賽跑。

我夢想的是在防波堤後面有一幢華廈，可以坐在大門口看郵船「艨艟」號、「貝倫加利亞」號、「奧林匹克」號在海上行駛，船上滿載逍遙自在、有說有笑的闊客。我憧憬家裏僕從如雲，他們手托銀盤，以巧克力、豬腰糖、霜淇淋侍候我們。

母親並不知道怎樣放膽作大夢，她想的是一副每只大約有半克拉鑽石的小耳環。耳朵早給外婆穿了孔，她告訴我，有了耳環絕不會丟掉。

她的夢先實現了，第二年她生日，父親就買了耳環給她。父親是警察局督察，身材魁梧，人很聰明。我記得他不喜歡別的男人對母親多望一眼。

只有盛裝外出，母親才戴上那副耳環。家境不寬裕的時候，她說只要有耳環，不必添新裝。不景氣的那幾年，家境很壞，我們雖然還不至於挨餓，可是市政府發給父親的薪水，其中一部分是債券。耳環沒有了，我好久都不知道。

耳環原來當了。我長大以後，母親給我看一張當票，說當時想要贖回來的，卻忘記去付利息，耳環就此沒有了。

她倒沒有抱怨，就戴著那些一夾就行的耳環，是便宜貨。我們也就忘記她的夢想了。我們兄弟姐妹三人都結了婚，生了孩子，歲月催人，日曆一張張撕掉，好像落在草坪上的枯葉一樣。

想起母子在一起夢想，不覺整整過了四十二年，她已經七十六歲了，瘦瘦小小的，無復當年丰采。她說手杖是她最好的伴侶，走到哪兒都少不了，有時孫子重孫的名字也會弄錯。

四年前，我把兩老接到海濱去，我的房子在沙丘上，是幢小房子，就在防波堤後面。沒有僕役，咖啡罐裏倒有豬腰糖。母親說，地方不錯，眞挺不錯。

我送母親一只小絲絨盒子，她手顫抖抖地接了，笑自己緊張。

「約翰，」她喊爸爸，「來幫個忙，我手笨。」

爸爸打開盒子，告訴她耳環很漂亮。「眞漂亮。」他說。

母親吻我，摩挲我的頭髮，眼淚落下來，她本來就喜歡哭。她把耳環戴好，說：「你們看看，我樣子好看嗎？」我們說，眞漂亮，她自己看不見，她已經瞎了。

——子女：生趣之一

我以爲子女能增添父親的丈夫氣概。第一張小床使普通的男孩變得更像男子漢、更有責任心、更謹慎、更有活力、更能體諒人。回想起來，添了第一張小床之前，我還是像個孩子。

我倆有四個孩子，全是女孩。現在只剩下兩個，其他兩個和妻子都先我而去了。

第一個女兒在一九三一年十月出世。我們結婚一年半，竟然不知道女人即使懷孕也不一定能有孩子。我們買了粉紅色和藍色的嬰孩衣服、被褥、小浴缸、特別的肥皂、潤膚劑、體溫計、尿布、嘎啦嘎啦響的玩具、聖牌——萬事俱備。

醫生費了很長時間接生。他一出產房，我就問：「怎麼樣？」他說：「我們開車兜兜風吧！」我又問：「出了岔子嗎？」他搖搖頭說沒有。路上他說，我太太懷的是個女胎，還沒足月，生下來是死的。

我不相信，這件意外使我自尊心、面子、愛情、自信，都受到打擊。我呆住了。

人人都有孩子，我二十三歲，妻二十一歲，我們身體都好，生下來是死的——他的話是什麼意思？

我的反應是打算甘休。「好吧，」妻從醫院回家時，我對她說，「算了，不要再生了。」後來，我發現這個想法是不對的。妻要孩子，就是喜歡嬰兒。看見她在廉價市場門外，逗著嬰孩車裏的陌生小寶寶玩。

「你知道你是怎麼回事嗎？」他對我說，「你這個人好像很精明，能唬得了人，可是虛有其表。穿的是大人衣服，其實是孩子。你太太要孩子，受罪的是她，抱了希望又失望，畏縮的倒是你。老兄，你這個態度是傷天害理的。」

我買了些這方面的書來研究，我們決定還是要孩子，可是沒有下文。於是找了一個又一個醫生，找了一個又一個專科，他們都說沒有病。

接著她又懷孕了。此後我們一直都在祈禱。

一九三五年七月，嬰兒出世了。是個可愛的小女孩兒，黑頭髮一捲一捲的，很胖。她只活了四小時，我們舉行了緊急洗禮，給她取名瑪麗。以後外面的人雖然看不出，我卻成了瘋子。妻回到家裏，動不動就哭。

再接再厲，一九三七年，她懷了第三個孩子，我不敢抱任何希望，我們甚至不願意談這件事。七月裏，夫妻倆乘了新車度假，途中妻覺得陣痛，我們找到醫生。

妻在產下女兒之前三十一分鐘才上床。活的，很健康，又叫又哭，金色頭髮，我給她取名小琴。

今天她已經結了婚，有三個子女，生活過得很快樂，身體很好，自信心十足。

一九四三年，第四個孩子出世。就是蓋珥，是個頑皮的女孩，我哪套衣服配哪條領帶她都要管。

現在回憶起來，發現丈夫是年方少艾的妻子不知不覺地教導成人的。她們嫁了男孩，把男孩帶成男子漢。我一直是母親帶的；後半生就是妻的事了，嬰孩完成了我的教育。

——掌上明珠

黃色校車戛然而止，後來的車子都停下來等著，有個女孩上了車。跟其他孩子大聲打招呼。大家都不正坐，而是癱在座位上。他們談話很吵，一點不客氣，卻完全友善——現在開學了。

這女孩是我女兒，名叫蓋珥，十三歲，就像小野馬初上籠頭那樣不馴。黑頭髮、淡褐眼睛、苗條身材，像待放的蓓蕾。比她母親只矮半個頭。情願穿粗布褲子，不肯穿衫裙，認為出嫁了的姐姐小琴太女人氣。

校車沿海邊防波堤內緣行駛，經過一列商店，在藥鋪那裏向右轉，到了紅磚砌的學校門口停下，這是一所好學校，上課時間從上午八點半到下午三點，她八年級的級任老師由校長索雅太太兼任。

蓋珥跟別的孩子一樣，從現在起直到學期終了，耳朵裏要灌進許多知識，有一小部分會記住，大部分過了一天就模糊了，還有些是永遠懂不了的。

蓋珥不喜歡上學，巴望著畢業，就像囚犯巴望重獲自由一樣。她品行還好，很聽話，不過在她看來，做功課眞受罪。

在我心裏，她是世界上最可愛的人，她姐姐卻覺得吃她不消。我們家的德國種牧羊狗，給她弄得疲於奔命，被她戲弄糾纏，有時還假裝跟她生氣。

她很有惻隱心，別人有痛苦，她就難過；她也很急躁，誰也沒有她那麼容易動肝火。

如果你要什麼——一杯茶、一件毛衣、一瓶指甲油，或者只要求把燈關掉——她立刻連跳帶蹦地去辦，誰也沒她快。奶奶病了，她會拋下電視去倒杯水，加三塊冰；或者奔上樓攙扶奶奶到浴室，或者到雜貨店三兩次，或者睡在奶奶旁邊床上，把學校裏的新聞講給她聽。這類事總使蓋珥樂此不疲。

蓋珥令人啼笑皆非，也眞了不起。既不是個小女孩，也不是個大女孩。和嬰兒一樣天眞，和老狐狸一樣聰明，和聖人一樣善良，和公貓一樣可惡。

她最大的優點是臨危不亂。要是奶奶切牛排割了手指，大家嚇得呆了，趕去藥櫃拿藥的就是蓋珥。她也知道怎樣洗傷口、紮好、打電話找醫生。可是到了夜晚，不等奶奶跪在床邊和她一同祈禱，不肯睡覺。

我求求上蒼，她們祈禱時不要忘掉我。

——一點口紅

小女小琴躺在活動椅上說，她認為從現在起到孩子出世為止，她丈夫應該殷勤服侍她。女婿是大個子，脾氣好，紅頭髮，一面笑，一面假裝要扼死她。小琴也撒嬌，大叫：「當心肚子裏的孩子！」蓋珥看著他倆打情罵俏，就說：「我班上個個女生都搽口紅。」

我的孩子真長大了。

小琴說，該讓蓋珥「搽一點口紅」。我說不行。這孩子還不到十五歲。

「你媽從前就不許你搽——」

「我知道，我喜歡打扮些。」

「那跟搽口紅有什麼關係？」

「蓋珥還像個小頑童，她穿長褲比穿長衫裙的時候要多。如果她搽點口紅，把頭髮理好一點，她就會變得秀氣。」

「希望有時候你說點我聽得懂的話——」

「那麼，父親，您十四、五歲的時候，爺爺不是要您穿長褲嗎？一穿長褲，您不就注意要衣服筆挺，把頭髮梳得更光、鞋擦得更亮嗎？」

「口紅，要是你媽在世的話，一定要嚇壞了。」

「不會，她不會的。我知道媽會贊成。」

末了，我說好吧，就搽點口紅，把頭髮剪一剪，髮梢稍微捲一捲。

小琴決定要做就快做，免得待會兒我改變主意，於是她夫婦就帶了蓋珥，開車到鎮上去。

回來後，我抬頭一看，只見蓋珥搽了一點口紅，含笑站在我面前。我倒抽了一口氣。「了不得，」我說，「好丫頭，你眞漂亮極了。」

她的確漂亮。我知道，有一個傻頭傻腦、流鼻涕的小子正在等著長大，好把蓋珥從我家偷走，這件事一定會發生，就和日出一樣。

那時候一到，我就得穿上荒謬的大禮服，把女兒交給別人。男人碰到這種事，眞是欲哭無淚。

7 媽媽的銀行存款

每個星期六的晚上，媽媽照例坐在擦乾淨的飯桌前，皺著眉頭分配爸爸小小的工資袋裏的那點錢。

錢分成好幾份，「這是付給房東的。」媽媽嘴裏念叨著，把大的銀幣疊成一堆。

「這是付給雜貨店的。」又是一疊銀幣。

「凱瑞恩的鞋要打個底。」媽媽又取出一個小銀幣。

「老師說這星期我得買個本子。」孩子們當中有人提出。

媽媽臉色嚴肅地又拿出一個五分的鎳幣或一角銀幣放在一邊。

我們眼看著那錢堆變得越來越小。最後，爸爸總是要說：「就這些了吧？」媽媽點點頭，大家才可以靠在椅子背上鬆口氣。媽媽會抬起頭笑一笑，輕輕地說：「好，這就用不著上銀行取錢了。」

媽媽在銀行裏有存款，眞是件了不起的事。我們都引以爲榮。它給人一種暖呼呼的、安全的感覺。我們認識的人中，還沒有一個在城裏的銀行有存款的。

我忘不了住在街那頭的簡森一家，因交不起房租被掃地出門的情景。我們看見幾個不認識的大人把傢俱搬走了，可憐的簡森太太眼淚汪汪的，當時我感到非常害怕。這一切會不會、可不可能也落到我們的頭上？

這時戴格瑪滾燙的小手伸過來抓住我的手，還輕輕地對我說：「我們銀行裏有存款。」馬上我覺得又能喘氣了。

賴爾斯中學畢業後，想上商學院。

媽媽說：「好吧。」爸爸也點頭表示同意。

大家又急切地拉過椅子聚到桌子面前。我把那只漆著鮮豔顏色的盒子拿下來，小心翼翼地放在媽媽面前。那盒子是西格里姨媽在一年耶誕節時從挪威寄給我們的。

這就是我們的「小銀行」。它和城裏大銀行的不同之處，在於有急需時就用這裏面的錢。昆斯廷摔斷胳膊、請大夫時動用過，戴格瑪得了重感冒、爸爸買藥的時候用過。

賴爾斯把上大學的各類開銷——學費多少、書費多少，列了一張清單。媽媽對著那些寫得清清楚楚的數字，看了好大一會兒，然後把「小銀行」裏的錢數出來，可是不夠。

媽媽閉緊了嘴唇，輕聲說：「最好不要動用大銀行裏的錢。」

我們一致同意。

賴爾斯提出：「夏天我到德倫的雜貨店去打工。」

媽媽對他讚賞地笑了一笑。她慢慢地寫下了一個數字，加減了一番；爸爸很快地心算了一遍。「還不夠，」他把煙斗從嘴裏拿下來端詳了好一會之後，說道：「我戒煙。」

媽媽從桌子這邊伸出手，無言地撫摸著爸爸的袖子，又寫下了一個數字。

我說：「每星期五晚上到桑德曼家去看孩子，」當我看到幾個小妹妹眼睛裏的神情時，又加了一句：「昆斯廷、戴格瑪和凱瑞恩幫我一起看。」

「好！」媽媽說。

又一次避免了動用媽媽的銀行存款，我們心裏感到很踏實。

即使在罷工期間，媽媽也不多讓我們操心。大家一起出力幹活，使得去大銀行取錢的事一再拖延，這簡直像遊戲一樣有趣。

把沙發搬進廚房，我們都沒有意見，因爲這樣才可以把前面一間房子租出去。

在那段時間，媽媽到克茹帕的麵包房去幫忙，得到的報酬是一大袋發黴的麵包和咖啡蛋糕。媽媽說，新鮮麵包對人並不太好。咖啡蛋糕在烤箱裏再烤一下，吃起來和新出爐的差不多。

爸爸每天晚上到乳製品公司刷瓶子，老闆給他三夸脫鮮牛奶，發酸的牛奶隨便拿，媽媽把酸了的奶做成乳酪。

後來，罷工結束了，爸爸又去上班，那天媽媽的背似乎也比平時直了一點。

她自豪地環顧著我們大家，說：「太好了，怎麼樣？我們又頂住了，沒上大銀行取錢。」

後來，好像忽然之間孩子們都長大工作了。我們一個個結了婚，離開家了。爸爸好像變矮了，媽媽的黃頭髮裏也閃爍著根根白髮。

在那個時候，我們買下了那所小房子，爸爸開始領養老金。

也在那個時候，我的第一篇小說被一家雜誌接受了。

收到支票的時候，我急忙跑到媽媽家裏，把那張長長的綠色的紙條放在她的膝蓋上。我對她說：「這是給你的，放在你的存摺上。」她把支票在手裏捏了一會，說：「好！」眼睛裏透著驕傲的神色。

我說：「明天，你一定得拿到銀行裏去。」

「你和我一起去好嗎，凱薩琳？」

「我用不著去，媽媽。你瞧，我已經簽上字把它落到了你的戶頭上。只要交給銀行營業員，他就存到你的帳上了。」

媽媽抬頭看著我的時候，嘴上掛著一絲微笑。

「哪裡有什麼存款？」她說：「我活了這一輩子，從來沒有進過銀行的大門。」

8 花錢買歡樂

我們剛結婚那陣子，爲了買新房，日子過得省吃儉用。吃速食、開舊車，搬進新居前，擠在斗室裏將就著。但遷居那一天快樂的情景，卻使我們終身難忘。

安妮和弗蘭克有五個孩子，經濟拮据，每逢假日卻必去滑雪。爲此要購置七雙滑雪板、七雙長靴、七副撐桿及每人的滑雪衫，還要付來回的車費等其他開銷。

我們都認爲弗蘭克一家簡直是瘋了。最近我又碰到他，他的孩子們都已各自成了家，「當然，我們那時過著清寒的日子，」他說，「但最近，一個兒子在來信中說，他怎麼也忘不了小時候滑雪時的快樂。」

一筆有限的收入有兩種安排法：一種是精打細算地，將衣食住行小心翼翼地考慮進去，雖然事事顧全了，但最終覺得毫無收穫。另一種是把錢花在自己喜好的事情上，如果難以做到兼顧的話，還不如先滿足重要的方面，而在其他的方面節省一下。有些人對於把錢花在那些有益的、並能爲家庭和自己的生活增加樂趣的事情上，總是猶猶豫豫，只想著存錢備荒，放走了大好時光。其實他們這是只知緊抓手中的痲雀，而忘了逮野地裏的孔雀。

我知道有這麼一對戀人，打二十來歲起，就開始爲下輩子的生活操心。當他們同齡的人在建立小家庭、安享天倫之樂時，他倆卻一個念頭地買房置地，積累錢財。

等他們感到可以安心成家時，女的已三十九歲，這些年來一直在訪醫求道，也沒能懷上一個孩子。當然，這是一個極端的例子，但說明一個道理，當你確信某事某物能使你的生活更爲充實時，不論它是一次旅行、是一個孩子，或是別的什麼，你就應盡力去得到它。要知道，有的東西失去了便再也難得到。

小時候的一件事，令我終身難忘。那時我父親失業了，全家靠吃魚市上賣剩的魚雜碎過活。一日，我在一個商店的櫥窗，看到了一只帶紅色塑膠花的小別針，頓時我便發瘋般地迷上了它。我趕緊跑回家去央求媽媽給一毛錢。母親歎了口氣（一毛錢能買一磅魚雜碎呢），但父親說：「給她錢吧，要知道這麼便宜的價格，就能爲孩子買到的快樂，今後是不會再碰上的。」那時，我就明白，這一毛錢所能買到的，是永遠閃光的金子。

當我想到我那些心滿意足的朋友們時，我總爲他們花錢的態度而吃驚。他們買不起車，但可以到夏威夷去度假；住陋室，卻打扮得像個時裝模特兒。更有一位老兄帶著四個孩子，在宮殿般的豪華飯店裏吃了一次茶點，而爲此，全家人過了兩天只吃麵包、乳酪的日子。

「他們以後能記得的，惟有這一頓茶點。」他這樣對我解釋。

錢在生活中並不是決定一切的。一個真正有價值的夢想，本身就具有了使其得以實現的力量。我有一個朋友，他的獨生子在很小時就顯示出音樂天賦，曲調一聽便能記住，自己還能在鋼琴上編歌。朋友夫妻倆爲使他能得到最好的教育，竟然驅車六十英里，送他到臨近的一個城市去就學。爲此他們付出的代價是：妻子每晚去圖書館加夜班；丈夫是個教師，課外在家中設班開課以增添收入。今天，他們的兒子已獲得了兩個音樂學院的獎學金，在幾個美國最好的管弦樂隊中演奏過。如果當初他父母給他請個價格低的二三流教師，他就不會有這樣的成果了。

我想這說明了，某種意義上，金錢是第二位的。只要有眼光，看準了那些能使你幸福的東西，就應不惜金錢去得到它。用你辛勤勞動賺來的一點錢，送孩子去野營，或給自己買一件心愛的東西，也許與你們低收入不那麼相稱，但卻提高了你生活的情趣和意義。

9 家庭的榜樣作用

從古至今，家庭教育歷來爲人們所重視。因爲人類的繁衍與個體的延續無不來源於此。然而，簡單生活要告訴你的是，重要的事情並不一定要以複雜煩瑣的方式來處理對待。我們可以遵從一些簡單的基本原則、借鑑一些簡便的好方法，創造一些簡約的慣例……

著名心理學家榮格曾說過，沒有任何東西像父母沉悶的生活那樣，能對他們的孩子和環境，產生強烈的心理上的影響。作爲父母，你爲孩子樹立了什麼樣的榜樣？是言行一致，還是言行不一？面臨需要花錢和時間購物或進行一項家庭活動時，全家一起討論嗎？你是否把獲得勝利或取得A的成績，訂爲孩子最重要的奮鬥目標？你在教孩子應有責任心，並且要去關心他人嗎？你是否給孩子機會，讓他們知道生活其實並非一帆風順，從而使他們更好地成熟長大？父母們除了要爲家庭生活做理智的決定外，還要成爲一個好的榜樣。

總的原則是言行一致。當然，如果你作爲父母不在這方面起榜樣作用，就不能教孩子們這樣做。如果做父母的靠借債生活，怎麼能教孩子量入爲出呢？如果大人們整天忙忙碌碌，又怎麼能讓孩子與我們共享有意義的、理智生活的樂趣呢？記住，除了言行需一致外，使孩子樂於接受父母言行的教誨也同樣重要。

如果父母把簡單生活看做是物質匱乏，那麼就無法期待孩子對生活前景充滿信心；如果父母用正確的方式使生活簡單化，孩子們也會看到簡單生活是令人愉快的、是有回報的。簡單生活的正確做法應該是，在日常生活中決定怎樣消費要根據需要，而不是爲了少花錢。安排生活日程是一個範例，怎樣花錢又是一個範例。不要讓孩子得出這樣的結論：簡單生活就是物質匱乏的生活，只要有了更多的錢，就能什麼都解決了。

有一次我在開車時，孩子們問我爲什麼不買一輛更漂亮、更新的車。我回答說：「不錯，我們是應該買一輛更好的車的，但那將意味著爲了有錢買車，我得延長工作時間。就是說，我將不能有這麼多的時間和你們在一起，你們覺得怎麼樣，我們該不該去買輛新車？」事實是，我本來是買得起新車的，那就得像其他人那樣，要麼借債買車，要麼把積蓄花光。但是我既不想借債，又不想花掉積蓄，我做了明智的選擇，更願意享受不拼命工作的自由，享受開著擦得晶亮的車，帶著孩子們兜風而使他們興奮時的自由。我用錢越多，越需要幹更多的工作以便賺到錢。

我終究沒有使孩子們誤解簡單生活。現在孩子們懂得了，我們每買一件東西，就會失去一部分自由支配的時間；他們還懂得了，這些自由和時間比所買的東西更重要。

任何一個有孩子的人都知道，在現今這個社會中，照顧孩子的壓力是愈來愈大了。酒精、各式各樣的毒品、性、愛滋病、幫派、槍枝氾濫和暴力，這還不包括那些無聊電視中傳來震耳欲聾的各種感官刺激、狂亂激烈的電影、搖滾樂、繞舌歌的歌者、咖啡屋、電腦遊戲和錄影帶商店街。一個小孩子如何在這種環境中得到心靈的平靜？小孩子如何在這種環境中，探觸自己的情感？如何在這種環境中，發現什麼東西對他才是最重要的？

在這裏，有一個方法，可以讓孩子在早期的時候，就學習到如何擁有安寧的自我。那就是，當你學習獨處時，你也可以教孩子做同樣的事。帶孩子們去郊外旅行或是露營，遠離都市的塵囂，讓孩子們認眞地看絢麗的夕陽美景。或者，教孩子們如何一個人在家度過安靜的下午。讓他們習慣於每個禮拜抽出一天來，遠離那些夥伴的影響，和遠離有如地獄般誘人的電子時代。讓一些好書來強化他們的心靈，教孩子們做一些思考性的靜坐運動，好讓孩子們可以養成審視自我的習慣，聆聽內在的聲音。當你的孩子學會獨處，並從中知道享受心靈的寧靜時，這將成爲陪伴他們一生的好禮物。想像一下，當你的孩子們樂於學習獨處，也認同你的獨處需求時，你的生活將會多麼簡單自在。

人的物質生活越是忙碌，越是沒時間思考生活的意義，和怎樣成爲更好的人。如果要使孩子的精神生活和物質生活，達到理想的平衡狀態，做父母的一定要發揮榜樣作用。瞭解各種淨化精神的途徑是有益的，因爲許多途徑，都有助於人們把理想、信仰與「高級自我」聯繫在一起。你可以參與正式的禮拜儀式或入教，可以獨立地透過靜思和閱讀淨化精神方面的書籍，來學習和提高，還可以把兩種做法結合起來。

利用慣例，是把高尚的精神帶進家庭的一個好方式。你可根據你所信的宗教和本民族特有的傳統，創造各種慣例。爲了創造一個慣例，你首先需考慮留出一個討論有關道德修養問題的特定時間，而且，任何與討論時間相衝突的外界活動，都不要去參加。一旦這樣做，你和孩子們就有了定期在一起討論的時間。你還可以確定全家人進行靜思的時間，去書店買些指導手冊或錄音帶。關鍵是要使孩子們習慣於在生活中有一個安靜、反思的空間。

孩子可以被看做是一面鏡子，給他們愛，他們會報之以愛；無所給予，他們便無所回報；無條件的愛，得到無條件的愛的回報；有條件的愛，得到有條件的愛的回報。

因此，不管你怎樣把淨化和豐富精神世界的活動引入家庭生活，記住，有一點是最重要的：如果你的內心沒有愛，就不可能給別人愛。作爲父母，首先要做的是，要讓內心世界充滿愛，這樣你才有多餘的愛給別人，才能培養引發你們的孩子來自內心的愛。

你應該讓孩子理解，無附加條件地服務於他人，就是不要任何回報的服務和愛的給予。學會把孩子看做是與你脫離的、獨特的人去愛他們，你的職責是把他們變成與你一樣的人，即讓他們透過自己的努力，盡力成爲最好的人。的確，這種無私的、無目的的愛和服務，是純潔的精神生活的最高境界。

給予別人而不期待任何回報。

10 良好的親子關係

朋友的孩子總是喜歡做與大人的意志相反的事情，還不時地在學校裏惹麻煩。他的父母不知怎麼做，才能改正他的壞習慣，只好一次又一次地替他彌補犯下的錯誤，但是，他們之間的親子關係越來越僵。

在孩子即將升入高中的時候，朋友希望兒子能選擇他們畢業的學校，因爲那裏環境幽雅，教學方式獨特，很適合孩子的發展，但是，孩子卻不這樣認爲。爲了選擇哪所學校的問題，父子之間爭論了很多次，最終爆發了父母與孩子之間的戰爭。戰爭幾乎造成父子斷絕關係。父母最後決定不再參與孩子的決定，但奇怪的是，孩子經過權衡，卻選擇了父母指定的那所學校。

由此我們可以看出，良好的親子關係是多麼重要，它可以影響孩子的一生，也可以決定你是否能夠過快樂的生活。

孩子會在生活中慢慢體會父母，如果父母忽視孩子，或者從來沒有和孩子親密往來，孩子便很難有良好的人際關係，甚至很容易嘗試酗酒、吸煙、犯罪等行爲。

要是你有個正值青春期的孩子，而且因爲你長年累月地責備他們，親子關係已惡劣到極點，那麼，以下幾個方法可以幫助你重建雙方的穩定關係。

——告訴孩子，你愛他們

你絕對不要輕易放過任何可以向孩子表示愛意的機會。雖然當孩子漸漸長大後，自然會和你保持距離，可是你還是可以繼續向他說你愛他，或者給他一個擁抱。即使他沒有相同的回報，也不要氣餒。孩子的任務是建立獨立自主，所以，表面上他好像不需要你的親情，不過他會把你的愛牢記在心中；而你的任務是隨時隨地支持孩子、隨時隨地愛他們。

——用具體行動表現你的愛

每天都花一些時間來陪孩子，傾聽他講的故事、和他一起玩遊戲。參加孩子的學校舉辦的會議和音樂會；爲他們的比賽、化裝表演喝彩。

——別忘了孩子有自己的人格

孩子的很多性格，遠在父母的操控範圍之外。你可以針對孩子的特別嗜好以及特殊能力，鼓勵他往那些方面發展，可是當孩子明明沒有那份興趣或者能力時，可不要做某些不必要的努力。

——無條件地愛你的孩子

你為什麼要愛孩子呢？答案是：沒有任何理由。不過，這不代表你憤怒到極點時，因為對他們有那份愛，就可以懲罰他們。

對孩子發火時，你應只針對問題的癥結責備他，不要針對他的性格。即使孩子犯了錯，他也絕對不會因為那些過錯而成為「壞人」。所以，當你責備孩子時，要注意遣辭用句。你可以這樣說：「我非常愛你，可是我不喜歡你所做的事情。」；或者說：「我對你的行為感到很失望。」不過，你絕對不可以說：「你怎麼變得這麼笨呢？」總之，你可以表露你的不悅，但要把持分寸，絕對不要輕蔑孩子的人格。

——隨時留意孩子的難題和需要

當你努力讓生活變得更簡化時，必須謹記在心——你進行上述工作的主要原因之一，就是爲了讓自己能夠和孩子保持密切關係，藉此瞭解孩子各方面的發展，這樣才能幫孩子解決難題，才能指正他們的不當行爲。

找出你和孩子的共同興趣

隨著年齡的增長，孩子也逐漸和我們疏遠。你無法強迫他們緊隨在身邊，可是你可以找個大家可以一起做的事情，間接增進彼此的親密關係。這點對那些青少年期的孩子特別重要。

肯定孩子的各種成就

告訴孩子，你多麼以他爲榮。讓他知道你已經注意到他的努力了，不論他的成果有多少，包括他自己穿衣、收拾玩具、正確記下電話留言、學校成績有進步等等。如果你能採取上述方式，就必定能增進你和孩子之間的凝聚力，同時也會讓孩子知道你很關心他們，讓他們懂得遵照你的規定行事。

生活裏難免會有一些困難。爲了工作和家庭，我們必須隨時權衡改變；爲了支出，我們有不少煩惱；爲了年幼的孩子和年長的父母，我們有很多事情要解決；爲了保持房屋的美觀以及不受到損害，我們得承擔不少壓力。

如果我們想要讓壓力減輕，就得學會發掘生活中隱含的幽默。同理，我們希望孩子認眞、負責，但是教導方式也不應該太過分，因爲我們不願孩子眼中的成人世界是這樣的恐怖，更不願他們因此而想永遠停留在兒童世界。

所以，我們面對孩子的許多問題時，應該盡可能用幽默、親切的態度處理。比如說，讓孩子收拾玩具、自己吃飯、出外買東西時，你要讓自己覺得這好像是場遊戲。即便我們非常擔心孩子是否能把工作做好，也不要表現得太過於嚴肅，反而應該適當幽默一下，讓自己和孩子都有個愉快的工作經驗。

如果孩子做出或說出可笑的事情，卻又「裝作」正經八百的模樣，我們可不要忘了放聲大笑。大笑不會減損我們的權威，也不會影響你對孩子的教導，相反地，他們會更愛我們，因爲他們欣賞我們能夠把生活變得那麼輕鬆。

如果我們每天都能花時間和孩子相處，我們必定能體會到其間眞正的樂趣。陪孩子時，我們一定要確定這項親子活動也是孩子最愛的活動。

怎樣才能成爲一位有耐心的家長？關鍵之一是必須接受這個事實：我們要求孩子的事情，他們不一定能夠完全辦到。關鍵之二是我們必須自我學習，認清我們對他們的各種期待。如果我們欠缺耐心，期盼不符合現實，就可能引起我們和孩子之間的戰爭，而這種戰爭且隨時隨地都可能發生。

身爲家長，你應該歡迎孩子主動和你討論生活周圍的事情，而且愈早建立起這種交流方式愈好。想建立這樣的溝通管道，首先得對他們的事情有興趣並且介入其間，讓你和孩子產生「我們都是一家人」的責任感，才能保持溝通管道的暢通。

國家圖書館出版品預行編目資料

一碗清湯蕎麥麵：親情與愛情的小故事 / 高菲菲著. -- 1 版. -- 新北市：華夏出版有限公司,2023.03

面； 公分. --（人格教養；06）

ISBN 978-626-7134-88-7（平裝）

1.CST：家庭 2.CST：家庭關係 3.CST：通俗作品

544.1 112000140

人格教養 006

一碗清湯蕎麥麵：親情與愛情的小故事

著　　作　高菲菲
印　　刷　百通科技股份有限公司
　　　　　電話：02-86926066 傳真：02-86926016
出　　版　華夏出版有限公司
　　　　　220 新北市板橋區縣民大道 3 段 93 巷 30 弄 25 號 1 樓
　　　　　電話：02-32343788　　傳真：02-22234544
E-mail：　pftwsdom@ms7.hinet.net
總 經 銷　貿騰發賣股份有限公司
　　　　　新北市 235 中和區立德街 136 號 6 樓
　　　　　電話：02-82275988　　傳真：02-82275989
　　　　　網址：www.namode.com
版　　次　2023 年 3 月 1 版
特　　價　新台幣 280 元（缺頁或破損的書，請寄回更換）

ISBN：978-626-7134-88-7